내 인생의 터닝포인트

대한민국 1호 용기부여가의

내 인생의 터닝포인트

2018년 8월 25일 초판 인쇄
2018년 8월 30일 초판 발행

지은이 | 박혜정
펴낸이 | 이찬규
펴낸곳 | 북코리아
등록번호 | 제03-01240호
주소 | 13209 경기도 성남시 중원구 사기막골로 45번길 14
우림2차 A동 1007호
전화 | 02-704-7840
팩스 | 02-704-7848
이메일 | sunhaksa@korea.com
홈페이지 | www.북코리아.kr
ISBN | 978-89-6324-618-5 (03320)

값 15,000원

대한민국 1호 용기부여가의

내 인생의 터닝 포인트

소리울림 박혜정 지음

북코리아

들어가는 글

"어떻게 하시는 거예요?"

무던히도 평범한 삶을 살아가던 내가 책을 출간해 '작가'라는 타이틀을 얻고 나니 사람들이 묻기 시작했다. 목표한 바를 하나씩 이루어 가는 비법이 뭐냐며 '실천법'을 알려 달라고 했다.

나를 소개해야 할 때면 언제나 열정이라는 단어와 한 세트로 묶어 설명하던 것이 '의지박약', '끈기 부족'이라는 말이었다. 호기심이 많고 자기계발 욕구가 강한 편인데 거기에 욕심까지 더해져 궁금하고 관심 가는 것은 일단 저지르고 보는 '시작의 열정'은 있었지만 하나를 제대로 알아보기도 전에 호기심이 금방 다른 곳으로 옮겨 가 하나를 마무리하기 전에 2개를 벌여 놓는 스타일, 그게 나였다.

시작은 있지만 맺음이 없는 사람, 시작은 창대하지만

그 끝은 언제나 미비한 사람, 그런 나에게 목표를 이루는 방법을 알려 달라고 말하는 사람들이 신기하기만 했다. 다 큰 성인이 5살 꼬마를 찾아가 말을 잘하는 방법을 알려 달라고 하는 것 같았다. 처음엔 '나는 끝맺음이 안 되는 사람'이라며 웃으며 지나쳤다. 그런데 비슷한 질문을 하는 사람이 늘어 갔다. 그들의 고민도 나와 크게 다르지 않았다.

나의 가장 부족한 부분, 나의 약점이라고 생각하는 것을 비법으로 물어 오는 사람들.

내가 무엇을 함에 특별한 비법은 없다. 같은 것을 반복하는 것을 지겨워하는 나인데 끈기까지 부족하니 내가 무언가를 계속할 수 있는 방법은 단순하다(사실 방법이라고 말할 것도 없다). 재미있는 것만 하면 된다. 나는 정말 재미있고 즐거운 일만 하며 살아왔다. 그래서 난 '최선'이나 '노력'이라는 단어 앞에서 언제나 작아진다. 무언가에 내 온 마음을 쏟아 최선을 다해 노력하는 삶을 살아 본 적이 없기 때문이다.

물론 오랜 시간 직장 생활도 했으니 늘 재미있는 일만 선택해서 할 수 있었던 것은 아니다. 재미없는 일을 해야 할 때면 나는 내가 지루함을 느끼지 않도록 쉽고 재미있게 놀이처럼 만들어 보려 노력했다. 그것이 내가 해본 유일한

'노력'이다. 이를 꽉 물고 끝까지 해내겠다 노력하는 대신 '어떻게 하면 좀 더 재미있게 할 수 있을까?'를 생각하는 것이 내가 목표한 바를 이루는 가장 빠른 방법이었고, 유일한 방법이었다. 가까운 사람들의 요청으로 특별할 것도 없는 나의 방법을 나누며 함께하기를 시작했다. 조금씩 나눔의 크기가 커져 갔다.

'별거 없다', '특별할 것 없다' 말하는 사람들 속에서 자신만의 방법으로 실천하며 삶의 변화를 맞이하는 사람들이 나타나기 시작했다. 그들은 '쉽다', '특별하다' 말해주기도 했고, 어떤 사람은 자신의 삶에 '터닝포인트'가 되었다 말하기도 했다.

'아, 끈기 부족의 대명사인 내가 했으니 누구나 쉽게 할 수 있는 방법이 될 수도 있겠구나.'

나의 특별할 것 없는 소소한 실천법이 누군가에게는 의외의 '터닝포인트'가 될 수도 있음을 알게 되며 나는 책을 쓰기 시작했다.

쉬워서, 아무나 할 수 있는 이 방법이 누군가에게는 작은 용기가 되기를 바라는 마음이다.

'이 정도는 나도 할 수 있겠다'라며 가볍게 시작해 작은 일들을 꾸준히 해내는 계기가 되었으면 한다.

작은 성공들을 차곡차곡 쌓아 나에 대한 불신을 믿음

으로 바꾸는 시간이 되길 바란다.

'나도 하면 되는구나.' 스스로에 대한 확신으로 꿈을 삶으로 만드는 인생의 주인공이 되길 바란다.

당신이 꿈꾸는 세상을 만들 수 있는 유일한 사람은 바로 '당신'이다.

당신의 삶에 기적은 이미 시작되었습니다.

당신의 삶에 작은 용기를 선물합니다.

2018년 봄의 길목에서

저자 박혜정

CONTENTS

CONTENTS

I

우리는 왜 두려워하는가

1. 실패의 경험

당신은 인생에서 큰 실패를 경험한 적이 있는가?

이 질문에 즉각 '그렇다'라고 자신 있게 이야기할 수 있는 사람은 이 책을 덮어도 좋다. 하지만 잠시 고민했거나 '아닌 것 같다'라고 생각이 든다면 천천히 책을 읽어봐 주길 바란다.

나는 위의 질문에 '그렇다'라고 자신 있게 대답할 수 있는 사람이 이 땅에 그리 많지 않다는 것을 안다. 대한민국은 '중간만 하자, 평균만 하면 된다'라고 말하며 튀는 것을 거부하고 다른 사람들과 비슷하게 살기를 바라는 '보통 사람 희망국'이기 때문이다.

실패를 허락하지 않는 사회 분위기 속에서 '실패하더라도 도전해 보겠다'라고 마음먹는 것은 보통 사람은 쉽게 가질 수 없는 엄청난 '용기'를 필요로 하는 일이다. 그러기에 우리들은 스스로에게 실패라는 것을 경험할 기회조차 허락하지 않는다.

'내 능력 밖의 일인 것 같아', '실패할 확률이 높아'.

무언가를 해보기 전에 머리로 먼저 계산하다 보니 되는 일보다는 안 되는 일이 많고, 할 수 있는 일보다는 불가능한 일이 더 많다. 이렇게 실패를 의식적으로 피하다 보니 실패는 나쁜 것이고, 해서는 안 되는 것이라 생각하게 된다.

나보다 먼저 살아왔던 어른들의 삶을 통해, 기존 체제의 교육 속에서 나는 나도 모르는 사이 실패에 대한 부정적인 감정들을 내 무의식에 쌓아 왔다. 이것은 무언가를 시작하기 전에 실패를 대비하기 위한 준비를 하게 한다. 사실 계획과 준비라는 그럴듯한 이유 뒤에 숨어 실패와 성공 사이에서 계산기를 먼저 두드려 보는 것이다. 피할 수 있는 실패라면 물론 피하는 것이 좋다. 하지만 문제는 실패를 피하기 위해 반드시 지나가야 하는 길도 피해 버리는 것이다.

세상에 완벽한 계획은 없다. 머릿속으로 계산기를 두드리면 어떠한 형태라도 리스크는 반드시 발견되기 마련이다. 대개 사람들은 이런 리스크를 발견하면 그것이 눈에 보이는 경제적, 시간적 손실이 아니라 할지라도 내가 무언가 손해를 볼 것 같은 느낌, 실패할 것 같은 이유를 찾아 스스로 포기한다. 포기하는 것이 현명하고 합리적인 행동이라며 스스로를 설득시키는 것이다. 리스크가 없는 일, 확실한 일, 누가 생각해도 납득할 수 있을 만한 일을 하는 것, 그것은 지혜로운 행동이 아니라 내 마음을 배신하는 '회색의 보통 사람'으로 살기를 자처하는 일이다.

'보통 사람처럼, 평범하게'에서 말하는 '보통'이란 무엇일까? 과연 누가 이것의 정의를 명확히 내릴 수 있을까? 기준이 없는 '보통'은 내가 처한 상황과 환경 속에서 시시때때로 그 정의를 달리하며 삶을 무미건조하게 만든다.

무언가를 얻기 위해서 포기해야 하는 것은 반드시 존재한다. 이 당연한 세상의 이치를 사람들은 쉽게 간과한다. 모든 선택은 동전의 양면과 같다. 선택은 포기를 함께 선택하는 것이다. 이런 당연한 진리를 간과한 채, 불편하고 어려운 것들만 크게 확대 해석해 일어나지도 않을 실패를 스스로 그려 낸다. 이렇게 머릿속에서 그려지는 포기와 실패의 많은 이유들 앞에서 시도하는 것보다 하지 않는 것이 현명하다는 결론에 이르게 되는 것은 당연한 일이다.

우리는 이렇게 남이 아닌 스스로에게 설득당해 포기해 버리고 만다.

실패는 무언가를 시도해서 목표한 바를 이루지 못했을 때 쓰는 단어가 아니다. 계획한 바를 이루지 못하면, 수정하고 다시 시도하며 천천히 계획한 목표 지점에 다다르면 된다. 나아가기를 포기하지만 않는다면, 어려움 앞에서도 멈추지 않으면 우리는 반드시 우리가 원하는 곳에 설 수 있다. 이것이 '성공'이다. 실패는 목표한 바를 이루지 못하는 것이 아니라 시도하기를 포기하는 것, 시도하지 않는 것이 바로 진짜 실패이다.

이 글을 읽는 누군가는 '나는 실패와는 큰 관계없이 살아왔다' 생각하겠지만 사실 우리는 이렇게 늘 스스로를 실패 속에 밀어 놓으며 살아왔다. 이것이 미처 깨닫지 못한 실패한 삶의 현실이다. 아이러니한 것은 스스로를 끊임없이 실패 속으로 밀어내면서도 성공에 대한 갈망은 누구보다 강하다는 사실이다. 사는 것이 힘들어서, '헬조선'이라, 가족을 위해, 사람답게 살기 위해….

성공을 해야 하는 이유도 참 다양하다. 스스로에게 단 한 번의 실패도 용납하지 않는, 그래서 도전하지 않고 지독히 안정지향적인 삶을 살면서 성공을 향한 바람은 그 어떤 누구보다 강한 사람들. 우리는 그렇게 아무것도 시도하지 않고 내려놓지 않으면서 바라고 또 바라기만 한다.

이런 사람들이 곧잘 하는 이야기가 있다. 책에서 보았다고 한다. 성공한 사람들의 비법이라고 말한다. '간절히 바라면 이루어진다.' 매일 자신의 꿈을 글로 쓰고, 입으로 외치며 간절히 기도하는 사람들이 실제로 존재한다.

한 학생이 있다. 성적은 중간, 학교에서의 삶도 지극히 평범해 선생님들도 잘 기억해 내지 못하는 그런 학생이다. 수업시간에 조용히 선생님 말을 듣는 것 같지만, 실상 수업에 집중하지 못하는, 교실에서 가장 흔한 학생들 중 하나이다. 그런 학생에게 시험이 닥쳤다. 그동안 특별히 공부를 하지도 않았고, 노트 정리도 제대로 되어 있지 않다. 그래도 시험은 보아야 했기에 밀린 공부를 하기로 마음을 먹는다.

책상에 앉고 보니 책과 필기구, 화장지와 화장품, 옷 등이 뒤섞여 작은 창고를 방불케 한다. 학생은 어질러진 책상에서는 공부가 되지 않을 것 같다. 시험을 위해서는 공부를 해야겠기에 집중력을 높이겠다는 생각으로 책상을 정리하기로 마음먹는다. 물건들을 정리하고 걸레를 빨아 책상을 깨끗이 닦아 내고 나니 공부가 될 것 같다.

그렇게 책상에 앉았는데 남은 시간이 많지 않다. 이내 연습장을 펴고 남은 시간을 역으로 계산하고 내일 치를 시험 과목의 수와 중요도에 따라 시간 배분을 한다. 제법 그럴싸한 계획표가 만들어진다. 계획표를 보고 있자니 한 번씩은 훑어볼 수 있을 것 같다. 그렇게 잘 만들어진 계획표를 책상 앞에 붙여 놓고 책을 펴면 노트가 엉망이다. 중요한 것들만 정리하기로 마음먹고 요점정리 노트를 만든다. 이렇게 온 에너지를 쏟아 내고 나면 계획표의 첫 과목도 제대로 마치지 못하고 졸음모드다.

잠깐 졸았는데 눈 떠보니 이미 창밖이 밝다. 학생은 뭔가 억울한 기분이 들기도 하지만 그런 마음도 잠시, 서둘러 학교로 향한다. 학교로 향하는 버스 안에서 아주 간절한 마음으로 정성을 다해 기도한다. 어제 몇 문제 보지 못했지만 그 문제들이 모두 시험에 나오기를 기도하고 연필을 굴려 가며 찍은 답이 모두 정답이기를 기도한다.

나의 학창시절 이야기이다. 졸다 깨면 스스로에게 실망하고 화났던 기억이 이제는 나를 웃게 하는 재미있는 추억 한 조각이 되었다. 이렇게 시험공부를 위해 공부가 아닌, '준비'를 열심히 한 학생이 간절히 기도하고 바라면 그 꿈이 이루어질까? 입장 바꾸어 이 글을 읽는 당신이 전지

전능한 힘을 가진 신이라면 이런 학생들의 간절한 기도를 간절하다는 이유로 들어줄 수 있을까? 과연 이 기도가 간절했기에 이루어져야 한다 말하는 사람이 몇이나 있을까?

공부하지 않았음에도 시험을 잘 보게 해달라는 기도는 누가 보더라도 비상식적인 기도이다. 아무리 대단한 신이라도 간절함만으로 모든 것을 이루어 줄 수는 없다. 어떤 간절함을 더 간절하고 덜 간절하다 말할 수 있을까? 신을 찾는 그 순간만큼은 누구나 간절하다. 이렇게 많은 사람들 사이에서 신이 공평할 수 있는 방법은 무엇일까?

학생에게 당장 망친 시험은 인생의 큰 실패이고 좌절이겠지만 신은 안다. 그 시험 한 번이 기나긴 인생에서 삶을 좌지우지할 만큼 중요치 않다는 것을. 시험 잘 보게 해달라는 기도를 들어주는 것보다 그런 경험을 가지는 것이 훨씬 귀하다는 것을.

이처럼 시도하지 않고 도전하지 않으며 성공을 희망하는 것은 공부하지 않았으면서 1등을 기도하는 학생의 기도와 다를 바 없다. 성공은 실패를 경험이라 부르고, 성공을 위한 피드백이라 말하는 사람들에게 돌아가야 한다. 신의 형상으로 만든 사람이라고 하지 않던가? 신도 상식이라는 것이 있다. 우리도 상식선에서 기도하자. 내가 당연히 해야 할 것들에 최선을 다하고 신에게 기도하자.

'실패한 적이 없다'라고 말하는 사람의 대다수는 시도하지 않는 사람, 시도하기를 포기한 사람들이지만 그중 일부는 이미 성공한 사람들이다. 세상의 시선으로 분명 실패를 많이 경험한, 누구도 감히 따라 할 수 없을 것 같은 버라이어티 한 삶을 살아온 사람인데 실패한 적이 없다고 말하는 사람들. 그들이 진짜 성공을 아는 사람들이다. 같은 상황에서 좌절하고 포기하며 스스로를 실패자라 부르는 사람들이 있는 반면, 누군가는 실패를 통해 무엇을 배울 것인가 고민한다. 그것이 바로 성공하는 사람들의 특징이다.

성공한 사람들은 실패를 실패라 부르지 않는다. 그들은 성공을 향한 하나의 과정이라 말하며, 경험이라 부르고 피드백이라 이야기한다. 그들은 어떤 실패 앞에서도 실패한 적이 없다고 말한다. 경험과 피드백을 통해 더 큰 성공을 준비하는 과정을 알았기에 실패를 실패라 부를 수 없는 사람들. 그들에게 실패는 과정이지 결과가 아니다. 스스로에 대한 확고한 믿음으로 실패를 통해 경험하고 새로운 방법을 찾는 사람들이야말로 진짜 실패의 경험이 없는, 성공만을 준비하는 사람들이다.

어느 누구도 '성공은 쉽다, 삶 가까이에 있다' 말하지 않는다. 성공은 높이 있고, 멀리 있다고 말한다. 높은 곳, 먼 곳까지 가기 위해 우리는 딛고 올라설 계단을 만들어야 하고, 튼튼한 길을 닦아야만 한다. 누구는 실패라 부르고, 누구는 경험과 피드백이라 부르는 그것이 바로 계단이 되고 길이 된다. 더 큰 발전, 더 단단한 성공을 위해 우리는 더 많이 실패해야 한다. 더 많은 경험과 피드백을 받아야만 한다. 이렇게 실패는 우리 곁에 가까이 있어야만 한다.

이 세상 실패는 없다. 실패라 믿는 약한 마음이 있을 뿐이다.

이 세상 실패는 없다. 단지 경험과 피드백이 존재할 뿐이다.

고민하고 있는 일이 있다면 지금 시작하라. 새로운 도전의 기회가 열릴 것이다.

어제와 같은 오늘을 살며 다른 내일을 기대하는 것은 미친 짓이다.

2.
끝까지 해내지 못할 것 같다는 두려움

"아, 모르겠어."

요즘 선택 앞에 선 사람들에게서 가장 많이 듣게 되는 말이다. 비교와 고민, 무엇이 더 나은 길인지 끊임없이 따져 묻는 인간의 건강한 습성 때문에 발견과 발전이라는 이름으로 불편했던 과거에서 문명의 혜택을 한껏 누리고 있는 요즘 사람들이 쉽게 내뱉는 말이다.

타인의 수많은 '선택의 혜택'을 누리며 살고 있는 사람들이 정작 자신의 선택지 앞에서는 모르겠다 말해 버린다. 무언가를 선택해야 하는 상황임에도 불구하고 이 길도, 저 길도 포기할 수 없어 선택 자체를 포기해 버리고, 나를 위한 선택임에도 비교하고 따져 보는 것이 귀찮고 머리 아프다고 말한다. 또 하나의 길을 택하자니 남은 다른 길이 아쉬워 제자리에 서버린다.

여러 가지 이유를 말하지만 결론은 하나, '선택 포기하기'를 선택하는 것이다. 어떤 길도 가지 않겠다는 이상한 결론들을 내는 사람들을 보며 답답해하는 나에게 뒤통수를 치는 한마디, 누군가는 '이 또한 선택'이라 말한다.

우리는 언제나 선택의 길 위에 있다.

하나의 선택을 위해 이 길과 저 길 사이에서 고민한다. 선택을 위해서는 내가 택한 이 길이 다른 길보다 옳다는 스스로의 확신이 필요하다. 그래서 어떤 길이 빠른지, 길이 얼마나 잘 닦였는지, 하나의 길을 지나기 위해 지불해야 할 비용은 없는지 꼼꼼히 따지며 기회비용을 계산해 보는 것은 선택의 일부, 즉 선택의 한 과정이다. 이것은 무언가를 행동하기 전 꼭 필요한, 지극히 정상적이고 건강한 반응이다. 이상한 것은 고민만 하다 아무런 결정을 하지 못한 채 고민하기를 멈추는 것, 아무 일도 하지 않는 것이다. 그런데 이런 이상한 일이 '평범'이라는 이름으로 쓰이고 있다.

평범하고 무난한 삶을 지켜 내는 사람은 오늘도 어제만큼의 노력을 하고 있다는 증거다. 그들도 그들이 할 수 있는 최선을 다해 하루를 살아 낸다. 매일 문제에 부딪혀도 마주하고 해결하며 그렇게 어제와 비슷한 오늘을 만들어 내고 있는 것이다. 어제와 오늘의 모습이 비슷하다고 같은 하루를 사는 것이 아니다. 자신만의 하루를 살아가고 있는 사람이라면 일상 안에서 '경험'을 쌓고 내일을 기대한다.

사람마다 다른 얼굴과 목소리를 가졌듯 변화의 속도도 각자 다르다. 아주 작은 걸음, 아주 느린 속도라도 어제와 비슷한 오늘을 살아가는 보통 사람이라면 자기만의 속도로 커나가고 있는 것이다. 짧은 시간을 비교하면 비슷해 보이는 매일이 모여 다른 사람에게는 갑작스러운 듯 보이는 성장을 마주하게 된다. 한두 장의 글을 쓰던 내가, 어느 날 한 권의 책을 내놓는 작가가 된 것처럼.

아무것도 선택하지 않겠다며 '선택을 포기하는 사람들'이 스스로 평범하다 말하는 것은 하루하루를 자신의 속도대로 살아가고 있는 그들과는 분명 다르다. 사는 것이 아니고 살아지는 대로 살아가는 '선택 포기자들'이다.

어제와 오늘이 같고, 오늘이 내일과 같은 삶, 어떤 길도 선택하지 않고 그 길 위에 가만히 있기를 선택하는 것이 언젠가부터 보통의 삶이라 불리고 많은 사람들의 꿈이 되어 가고 있다. '헬조선'이라는 이해하지 못할 외계어를 만들어 놓고, 그런 단어 뒤에 숨어 보통 사람처럼 평범하게 살고 싶다 말한다. 하지만 이런 삶은 결코 보통의 삶이 아니다. 평범한 삶도, 무난한 삶도 아니다. 내가 내 삶을 이끌며 주체적인 삶을 사는 것이 아니라, 살아지는 대로 살겠다고 말하는 것이다. 이것은 사람다운 삶을 포기하겠다는 말과 다를 바 없다.

이들은 무언가를 시도했다 혹시라도 잘못되면 어쩌나, 최소 '시도하지 않으면 지금은 유지할 수 있다'라는 특이한 계산법이 있는 듯하다. 하지만 이 계산에는 큰 오류가 있다. 이 세상은 혼자 살아가는 곳이 아니다. 사람들과 더불어 사는 '사회'이다. 최소 어제와 같은 오늘, 오늘과 같은 내일이라는 비슷한 하루하루를 유지하고 싶다면 '진짜' 보통 사람들이 사는 정도의 노력은 기울여야 한다. 나는 제자리인데 옆에 있는 사람들이 걷고 있다면 나는 점점 뒤로 밀려날 수밖에 없다. 보통 사람들이 하루를 살아 내는 최소한의 노력을 보지 못하고 나도 보통 사람이라며 제자리에 버티고 서있다 보면 어느새 내 옆에 있는 사람들이 사라지고 없음을 알게 될 것이다. 한참의 시간이 지난 뒤에야 깨닫게 될 것이다. 그때 내 곁에 있던 사람들은 저만치 앞서 걷고, 내 한참 뒤에 있던 사람들이 내 곁에 와 서 있음을.

그럼 보통 사람, 평범한 사람은 그저 그런 노력으로 하루를 살아가고 있는 것일까? 보통 사람이라는 큰 무리 안으로 들어가 한 사람 한 사람 자세히 보면 또 그 안에서 속도의 차이가 있음을 알게 된다. 짧은 시간에는 발견할 수 없는 '짧은 시간의 힘'을 돌이킬 수 없는 시간이 지난 후에 깨닫게 되는 것이다. 짧은 시간은 없다. 짧은 시간이 모여 하루가 되고, 1년이 된다. 차이를 발견할 수 없을 정도의 짧은 시간들이 모여 인생이 되고 삶이 된다.

시작했지만 끝까지 마무리하지 못하고 흐지부지할 바에 차라리 하지 않는 게 낫다고 말하는 이상한 세상에서는 '가만히 있으면 중간은 간다'라고 말한다. 마무리 짓지 못하고 끝을 보지 못하면 스스로 실망하고 자책에 빠질 수도 있다. 하지만 그것이 두렵다고 아무것도 하지 않고 중간을 바라는 욕심은 스스로 빠지는 실망감과 자책보다 더 이기적이다.

두려움은 익숙한 것과의 결별에서 시작된다. 내 삶에 어떤 변화도 원치 않고, 어제와 같은 오늘을 기다리는 사람이라면 아마도 두려움에 대한 공포는 없을 것이다. 해보지 않은 일, 가보지 않은 길 등 낯선 것들을 마주할 때 우리는 비로소 두려움을 느낀다.

무언가에 두려움을 느끼고 있는가? 그렇다면 당신은 이미 변화의 길 위에 서있다. 나른한 일상에서 벗어나 무언가 시도하고 도전하는 모습 속에서 우리는 두려움을 발견하게 된다. 나의 일상에 두려움이 없고 언제나 평온하기만 하다면 한번 돌이켜 보라. 최근 내 삶 속에 새로운 것을 받아들인 적이 있는지.

무던한 나날이 반복될수록 우리는 두려움과 멀어진다. 어제와 오늘이 비슷하고, 시간이 흘러 어제가 오늘인지, 오늘이 내일일지 모르는 날들의 반복은 두려움을 만들지 않는다. 그러니 지금 내가 두려움을 느끼고 있다면 새로운 변화를 향해 나아가고 있음을 기억하라. 어제와 같은 오늘을 사는 많은 사람들보다 나는 한발 앞서 있다 생각하라. 그것이 두려움의 정체이다.

"열심히 노력하다 갑자기 나태해지고, 잘 참다가 조급해지고, 희망에 부풀었다가 절망에 빠지는 일을 또다시 반복하고 있다."

이 글을 읽은 날 내 마음을 들킨 것 같았다. 원대한 목표를 세우고 노력하다 어느새 나태해지고, 목표를 이루는 상상으로 가슴 뜨겁게 부풀었다가 뜻대로 되지 않는 날이면 어느새 절망으로 빠져드는 일. 이것을 반복하는 것이

나의 일상이었다. '나는 왜 이럴까? 왜 이렇게 끝까지 일을 마무리하지 못할까?' 스스로 자책도 하고, 끈기 없는 나를 원망하기도 했었다.

하지만 이 글을 읽은 날부터 한결 마음이 가벼워졌다. 나 혼자만 이런 고민을 가지고 있는 것이 아니라는 것을 알게 되어 위안을 얻었고, 무엇보다 누구나 알고 있는 세기의 인물이라 더욱 힘이 났다. 사람의 생각이라는 것이 크게 다르지 않음을, 지극히 평범한 사실을 세기의 인물을 통해 확인하며 나도 모를 힘을 얻었다. 나와 비슷한 사람이 지금 이 세상에도 많을 것이고, 이미 세상을 살아 본 대단한 사람들도 크게 다르지 않았다면 나도 할 수 있고 누구나 할 수 있는 것 아닐까.

다만 보통의 사람들과 그들이 다르다면 비슷한 생각을 하면서도 끊임없이 '다시 하기'를 포기하지 않았다는 것이다. 비범한 능력이나 가지고 태어난 재능보다 그들을 더 대단하게 만드는 것은 어떤 상황 앞에서도 '그럼에도 불구하고 꾸준히 하기'를 행동으로 옮겼다는 것이다.

이 세상을 살아가며 두려움을 느끼지 않는 사람이 있을까?

'시간도 돈도 없는데…', '혹시 실패하면 어떻게 해야

하나?', '잘못되면 뒷감당을 어떻게 하지?'

무언가를 시도하기 전, 사람이라면 누구나 고민하고 생각하는 것들이다. 잘될 경우보다 잘못될 경우를 상상하며 두려움을 키워 낸다. 이렇게 상상을 키워 나가면 우리의 답은 하나이다.

'지금은 시기가 적절하지 않다, 조금 더 준비하자. 지금보다 조금만 더 돈을 모으고, 내 삶이 조금만 더 안정되면 시작하자.'

이렇게 생각의 꼬리 물기를 하면 다시 시작할 수 있는 기회는 없다. 적절한 시기, 안정된 삶은 평생 오지 않는다. 지금은 '빚만 갚고' 또는 '집 하나만 마련하고'라고 말하지만 시간이 지나면 지금보다 더 가지기를 바라며 나이를 먹게 될 뿐이다.

시간과 비례해서 생각해 보면 시간이 지날수록 잃을 것은 더 많아진다. 결국 우린 지금 가진 것들, 그나마 편안한 지금의 삶을 놓기 싫어 고민하는 것이다. 시간이 지날수록 잃을 것들만 늘어나고 감당해야 할 일만 많아진다. 이렇게 일을 이어 가면 우리는 아무것도 할 수 없다. 그냥 지금처럼 평생을 살아야 한다.

그렇다고 무턱대고 아무거나 질러 보란 이야기가 아니다. 이 세상 누구도 두려움을 없앨 수는 없다. 두려움은 내가 살아 있음을 느끼게 하는 가장 원초적인 감정인 동시에 무언가에 대비하게끔 하는, 사람이 성장함에 있어 반드시 필요한 감정 중 하나이다.

가끔 대단한 일을 해내는 사람들을 두고 두려움이 없는 사람이라 말하는데, 세상에 두려움이 없는 사람은 없다. 다만 그 두려움을 핑계로 뒤로 숨지 않고, 두려움에 맞서기 위해 준비하고 노력하며 늦더라도 멈추지 않고 그 두려움을 헤쳐 나간다. 그렇게 조금씩 두려움을 지워 나가는 것이 바로 성공한 사람들의 비결이다. 그들이 두렵지 않다면 과연 무엇을 준비하고 무엇을 대비하겠는가?

그래서 나는 두려움의 또 다른 면이 바로 노력이고 준비이며 용기라 생각한다. 용기를 낸다는 것은 두려움을 전제하는 말이다. 어떤 이성으로도 통제할 수 없는 마음이 바로 두려움이다. 감정이 있고 이성을 가진 사람이라면 누구나 두려움을 느낀다. 바로 그 두려움이 사람을 멈추게도 하지만 때론 사람을 준비하게 만든다. 이런 의미에서 본다면 오히려 성공한 사람들이 보통 사람들보다 두려움의 크기는 더 크다고 볼 수 있다. 그래서 더 열심히, 정확하게 준비해서 두려움에 대한 확률을 낮추고 실패에 대비하는 것이다.

무언가를 시도함에 매번 좋은 결과만을 가질 수는 없

다. 끝까지 가보지 못하고 돌아설 수도 있고, 가다가 더 나은 길을 발견할 수도 있다. 우리가 할 일은 나에게 기회를 주는 것이다. 실패를 통해 경험과 피드백을 얻어 나만의 길을 찾아야 꾸준한 성공으로 이어질 수 있다.

끝까지 해내지 못할 것 같은 두려움은 누구에게나 있다. 두려움을 인정하고 받아들이자. 우린 그저 두려움 뒤로 숨지 말고 도전하다 실패하면 다시 도전하면 된다. 이렇게 꾸준히 반복하면 우린 어느새 성공의 길 위에 서있을 것이다.

'빈센트 반 고흐'의 이야기이다.

"열심히 노력하다 갑자기 나태해지고, 잘 참다가 조급해지고, 희망에 부풀었다가 절망에 빠지는 일을 또다시 반복하고 있다. 그래도 계속 노력하면 수채화를 더 잘 그릴 수 있겠지. 그게 쉬운 일이었다면 그 속에서 아무런 즐거움도 얻을 수 없었을 것이다. 그러니 계속 그림을 그려야겠다."

3.
타인의 시선

"나는 대통령이 될 거야", "나는 의사가 될 거야."

정확히 어떤 일을 하는지도 모르고, 내가 그 꿈을 이루기 위해 내가 무엇을 준비해야 할지, 어떤 과정을 감내해야만 꿈을 이룰 수 있는지 몰랐기에 더욱 마음껏 상상할 수 있었던 어린 시절의 꿈. 이것저것 따져 묻지 않고 그냥 되어보고 싶고 해보고 싶었던 대책 없는 꿈을 꾸던 시절이 그리 먼 옛날은 아니다.

세상의 시선에 크게 신경 쓰지 않는 사람일수록, 대개는 나이가 어릴수록 꿈을 꾸는 것에 자유롭다. 이유도 조건도 꿈의 달성 여부도 중요치 않았기 때문이다. 그저 해보고 싶으면 장래 희망이라 말하고, 멋있어 보인다는 단순한 이유로 꿈을 꾸었다. 하루에도 수차례 꿈을 바꾸기도

하고, 한 번에 여러 장르의 꿈을 꾸기도 했으며 하나의 꿈을 오랜 시간 동안 가슴에 품어 보기도 했다. 꿈을 말하고 상상하며 꿈을 향해 나아가 보기도 하고, 그저 꿈을 꾸는 것만으로도 행복했던 어린 시절은 누구에게나 있다.

학생들이 무엇이 되고 싶다 말하면 어른들은 말한다. "그 시절엔 무엇을 꿈꾸어도 이룰 수 있다"고. 살아가는 매 순간이 행복하기 위해 어쩌면 허무맹랑해 보이는, 아주 유치하고 단순한 이유들로 꿈을 꾸던 그때의 꿈이 지금 우리에게 필요한지도 모른다. 어떠한 계산도, 확률도 따져 보지 않고 오로지 나의 머리와 가슴에만 의지해, 하고 싶다는 생각 하나로 꿈을 갖던 그 시절의 순수한 꿈 찾기는 어떻게 해야 하는 걸까?

시간이 흐르고 삶을 살아가며 사람들에겐 각자만의 강력한 무기가 생겨난다. 어떻게 나의 무기가 만들어졌는지, 지신의 무기가 무엇인지 모를 수는 있지만 누구에게나 무기는 있다. 어떤 사람에게는 자신을 비롯해 세상을 바꾸는, 선하지만 강력한 무기가 되기도 하고 또 어떤 사람들은 후회라는 이름으로 치부해 버리기도 하는 것. 세상을 살아 낸 시간에 비례해, 세월이란 이름으로 세상을 살아 본 사람이라면 누구나 가질 수 있는 것. 바로 '경험'이다.

같은 세상, 같은 시간을 살아가는 사람이라도 그 사람이 살아온 시간, 환경, 생각 등에 따라 각자 다른 경험을 갖는다. 100명의 사람이 있다면 100가지의 경험이 존재한다. 이렇게 사람들의 경험에는 각자 고유의 색깔이 있다. 각자 가진 경험을 바탕으로 자신만의 프레임을 만들어 그 프레임을 통해 세상을 바라보게 된다. 이것이 바로 생각과 관점이다. 이런 경험을 통해 만들어 낸 프레임이 바탕이 되어 일을 조율하고 선택하며 살아간다. 그렇기에 누군가에게는 어떤 것과 바꿀 수 없는, 한 사람을 세상에 우뚝 서게 하는 가장 강력한 무기가 되는 것이다. 이렇게 강력한 무기이기에 미처 깨닫지 못한 오류가 발생하기도 한다. 지혜롭게 오류마저 경험으로 승화시키는 사람이 있는 반면 아쉽게도 상당수의 사람은 그 오류에 빠져든다.

사람들은 스스로가 해본 것에 대한 확신이 있다. 사람이 다르고 상황이 다르면 같은 일이 발생한다 하더라도 다른 결과를 만들어 낼 수 있지만 대개는 '내가 해보아서 아는데'라는 말로 모든 일들을 나의 경험이라는 사정권 안으로 끌어다 놓는다. 경험이라는 그림자 뒤에 숨겨진 작은 오류. 어쩌면 살아남기 위한 사람의 본능 같은 것인지도 모른다. 치열한 세상에서 살아남기 위한 본능. 실패를 줄여 시간적, 물질적, 심리적 손실을 줄이는 가장 합리적인 방법.

경험을 이용해 일어나지 않은 일마저 미루어 짐작하여 상황을 계산해 내는 능력은, 그렇게 자신의 삶의 오류를 줄여 더 나은 삶을 살고자 하는 것은 경험을 재활용할 수 있는 인간 고유의 능력이다. 할 일은 많고, 해내야 하는 일이 많은 경쟁의 사회에서 이렇게 실패의 확률을 줄여 나가는 것은 당연한 순리이다. 이런 실패 오류의 확률을 줄인 결과로 우리는 문명이라는 것을 누리며 현재의 삶을 영위하고 있는지도 모른다.

살아가며 익히고 배워 온 직 · 간접 경험들이 본능적으로 실패를 최소화할 수 있는 길을 찾게 하고 꿈을 이룰 수 있는 가장 빠른 길을 탐색하게 한다. 경험하지 않고도 실패를 줄이고 성공에 다다르게 하는 과정에서 다양한 경험은 중요한 자산 중 하나이다. 하지만 경험이 가진 모순을 잊지 말자. 실패를 최소화하기에 앞서 꿈을 꾸는 과정에서부터 우리의 경험과 본능은 살아 움직인다. 꿈을 꾸기도 전 내가 할 수 있는 일과 할 수 없는 일을 무의식적으로 계산해, 내가 꿈을 꾸어도 되는 일과 꿈조차 꿀 수 없는 일을 결정해 버린다. 경험과 무의식이라는 것이 내가 결정했다는 사실조차 모르게 나의 한계를 만들어 둔다. 내가 꿈을 꾸어 이루기에 가능성이 현저히 떨어지는 것들은 꿈조차 꿀 수 없도록 사전에 차단해 버리는 것이다. 이것이 경험의 모순이다.

경험이 많을수록, 살아온 세월의 시간이 많을수록 꿈을 향한 성공 계산은 더욱 빠르고 철저하다. 나도 모르는 사이 나는 내가 실행 가능한 범위 안에서의 꿈만을 꾸게 된다. 나의 한계는 누가 그어 주지 않는다. 바로 내 자신이 만들 뿐이다.

나의 한계를 만드는 또 하나의 중요한 장애물은 바로 타인의 시선이다.

삶을 대하는 나만의 철학과 확고한 신념이 없다면 끊임없이 나를 흔들 수 있는 것, 세상을 살아가는 가장 쉬운 방법이면서 동시에 나를 가장 괴롭힐 수 있는 방법이 바로 타인의 시선 안에 나를 두는 것이다. 내 생각을 지워 내고 세상 사람들이 살아가는 방법대로, 사람들 틈에 어울려 무던한 삶을 살아가는 것만큼 편안한 것도 없다. 변화와 성장이라는 말로 끊임없이 나를 괴롭히지 않아도 되고, '별나다, 튄다' 이야기 듣지 않고 평범한 사람으로 세상을 살아도 아무 불편함이 없다.

오히려 사람들과 어울려 군중 속에 섞여 무던히 같은 방향으로 나아가는 것은 안전함마저 느끼게 한다. 큰 무리 안에서 나는 속도를 고민하지 않아도 되고, 속도를 결정하지 않아도 된다. 그저 흐름에 몸을 맡겨 비슷한 속도로 걸어 나가기만 하면 된다. 이렇게 타인은 나의 든든하고 안전한 울타리가 되어 준다. 불안함도 줄여 준다.

하지만 그 울타리가 언제까지나 유지될 수 있을까? 한없이 편안할 것 같은 군중 속의 나, 사람이 많을수록, 그들과 함께할수록 안전함을 느끼는 것은 당연하다. 무리 안에 머무르기만 하면 평생 편안하게 살 수 있을 것 같지만, 평온함과 안전함만을 느끼며 안주하다 보면 어느새 무리와 나의 속도와 방향이 달라져 있음을 깨닫게 된다. 가장 든든했던 울타리가 나를 가장 괴롭게 하는 대상이 되는 순간이다. 함께하기에 내 생각과 상관없이 비슷해야만 하고 나에게 맞지 않는 속도라도 맞추어야만 한다. 튼튼했던 울타리가 부실한 외나무다리가 되는 것이다.

빠른 호흡으로 걷는 무리 속에서 숨이 턱까지 찼음에도 멈추지 못하고 뛰어야만 한다면, 다른 사람들은 눈치채지 못한 나의 한계를 내가 가장 먼저 느끼고 있다면 그 불안함은 말로 표현할 수 없다. 이때 우리는 군중 속에서 지독한 외로움을 느낄 수밖에 없다. 나는 나의 호흡으로 나의 속도로 걸어야 한다. 내가 어디로 가고 싶은지 스스로 결정해야 한다. 타인의 시선을 핑계로 다른 사람에게 던져 주었던 문제의 공은 이자와 더 큰 문제를 안고 나에게로 돌아온다. 회피한다고 외나무다리가 사라지지 않는다.

새로운 것에 대한 도전과 시작은 찰나 희망을 보여 주곤 이내 커다란 불안함을 만들어 낸다. 나에 대한 확신이 부족하고 새로운 것에 대한 불안함이 클수록 사람을 찾게 되고, 기대고 의지할 무언가를 찾게 된다. 스스로 가지지 못한 자신에 대한 확신과 믿음을 타인을 통해 얻고 싶은 마음이다. 객관적인 타인의 시선은 불안함을 대비할 수 있을 것만 같다. 친구와 지인, 가족들은 끝없이 응원하고 확신을 줄 것만 같다. 하지만 기대는 언제나 다른 결과를 가져온다. 한없는 지지와 응원을 기대했건만 돌아오는 것은 언제나 충고와 걱정이다. 친구, 지인, 가족이라는 이름으로 하는 진심 어린 말들은 불안했던 내 마음을 불신으로 만들기에 충분하다. 불안한 마음에 충고를 더하면 무기력이 된다.

새로운 것들에 도전하며 확신과 응원을 받아도 모자랄 판에 가까운 사람들의 걱정 어린 말은 변화를 포기하고 현재의 삶을 살아가기에 꽤 그럴듯한 변명을 만들어 준다. 그들이 나를 걱정해 주지만 내 삶을 대신 살아주지 않는다. 내 고민의 결정권을 타인으로 넘겼다고 해서 그들이 결과까지 책임져 주지 않는다. 어떤 결과가 만들어지든지 그것은 오로지 내 몫이다.

결정적으로 내 인생의 고비 고비를 내가 선택하고 결정해야 하는 이유는 하나다. 나를 제외한 그 누구도 내 문제를 나만큼 치열하게 고민해 주지 않는다. 그들은 내가 살아온 온전한 내 인생을 모른다. 나의 생각도 모르고 불안함도 정확히 알지 못한다. 당신의 인생이 아니기에 감정을 덜어 내는 것도 쉽다. 고민도 가볍다. 그것이 타인의 시선이 객관적으로 보이는 이유이다. 하지만 내 삶의 중요한 결정들이 타인의 객탄성으로 결정되어서는 안 된다. 지극히 주관적인 생각으로 주관적인 결정을 내려야만 한다. 다른 사람의 생각을 무시하라는 이야기가 아니다. 참고는 하되 결정하는 그 순간에는 '내'가 있어야 한다는 것이다. 그래야 행복할 수 있고, 실패해도 감내할 수 있다.

타인의 시선 안에 나를 가두고 나도 모르는 불안을 만들어 내기보다 불안함으로 준비하고 대비하자. 불안함으로 스스로를 의심하기보다 의문의 신호로, 견고하고 단단한 나를 만드는 계기로 받아들이자.

4.
나에게 성공할 자격이 있는가

'나는 성공할 사람이다'라는 마음으로 세상에 온 사람이 얼마나 있을까?

탄생, 우리는 이미 태어난 것만으로도 성공할 이유가 충분하다.

성공의 기회는 세상에 태어난 모든 사람에게 동등하게 주어진, 공평한 하늘의 기회이다. 하지만 기회를 내 것으로 붙드는 사람은 흔치 않다. 다가온 기회 앞에서 누군가는 자신의 기회를 알아차리고 그것을 붙드는 반면, 누군가는 세상을, 사회를, 집안을 탓하며 기회가 내 코앞까지 다가온 것조차 알아차리지 못한다. 불평과 불만이라는 큰 그늘을 자신의 생각과 말로 엮어 내 앞에 찾아온 기회에 검은 장막을 씌워 버린다. 이른 새벽빛처럼, 여린 새싹처럼 옅은 색깔로 희미하게 찾아온 기회는 검은 장막 아래서 이내 시들어 버린다. 이런 사람들에게 성공은 언제나 책 속에 있고, TV 속에 있다. 출발점을 탓하고 지금 내가 가진 것들과 그들이 가진 것들의 무게를 비교하며 애초부터 불공평한, 시작점이 다른 게임이라고 세상을 향해 비난과 비판을 쏟아 낸다.

고 정주영 회장의 말이 생각난다.

"해보기나 했어?"

불만이 많고 핑계가 많은 사람일수록 행동보다는 말이 앞선다. 내가 잘할 수 없는 이유를 누가 묻지 않아도 스스로 찾아낸다. 그것도 아주 많이. 열심히.

기왕이면 부잣집에 태어나, 한번 보고 들으면 다 기억되는 머리 좋은 사람으로 태어나면 좋겠지만 그것은 내가 선택할 수 있는 문제가 아니다. 내가 가진 선택지가 아닌 다른 사람의 시험지를 들고 전전긍긍해 봐야 내가 할 수 있는 것은 아무것도 없다. 그저 다른 시험지가 더 쉬워 보인다는 생각에 억울한 마음이 들 뿐이다. 나만 손해 보는 것 같은 느낌으로 다른 사람의 쉬워 보이는 시험지를 째려보고 있어봐야 그 시험지가 내 손에 들어오지 않는다. 내가 가진 시간만 흘러갈 뿐이다.

다른 사람의 시험지는 그 사람의 몫이고 나는 내가 가진 시간 안에서 나의 시험지를 풀어내야 한다. 바꿀 수도 선택할 수도 없는, 답이 없는 문제를 붙들고 '열심히 했다, 최선을 다했다' 소리쳐 봐야 멍청하다 소리만 들을 뿐이다. 그런 문제의 답은 최선을 다해도 결론은 하나다. 열심히 풀어서 알게 되는 것이라곤 '답 없음'을 깨닫게 될 뿐이다. 아무리 최선을 다해도, 풀고 또 풀어도 답이 없다. 애초에 답이 없는 문제를 가지고 에너지를 쏟았을 뿐이다. 우리는 우리가 선택해서 변화시킬 수 있는 일에 집중해야 한다.

어떤 일이든 닥치고 해보는 사람이 큰일을 해낸다. 아무리 작은 일이라도 하지 않으면 이룰 수 없다. 의심하면 의심하는 만큼, 딱 그만큼만 하게 되고, 할 수 없다고 생각하면 할수록 할 수 없는 이유만 늘어 결국 할 수 없는 일이 될 뿐이다. 일을 해내는 것은 일의 크기, 성공 여부의 문제가 아니라 그 일을 어떻게 대하냐 하는 마음가짐, 자세의 문제이다.

이미 살아가는 것이 충분히 고되고, 성공한 이들에게는 짠 내 나보일 것 같은 일상.

여자라면 누구나 한 번쯤은 현대판 신데렐라를 꿈꾸어 보았을 것이고, 남자라면 누구나 능력 있는 여자를 만나 일명 '셔터맨'으로 살아가는 것을 상상해 보았을 것이다. 고된 삶 속에 '짠' 하고 나타나 한 줄기 빛이 되어 줄 사람을 만나는 일은 상상만으로도 기분 좋다. 내 인생의 반전 드라마가 시작되는 순간인 것만 같다.

애매한 식사 자리에서 '밥값을 누가 내야 하나' 머리 굴릴 일 없고, 갖고 싶은 물건 앞에서 세일까지 기다릴 필요 없으며, 기분 좋은 술자리에서 먼저 카드를 내밀 수 있는 여유를 원한다. 나만 좋은 것이 아니라 주위도 살피며 도울 수 있는, 선한 나를 더욱 선하게 만들어 줄 경제적인 부를 가지는 일은 이 글을 쓰고 있는 나 또한 바라는 바이다. 나와 가족을 위해 그리고 세상에서 누군가의 도움을 기다리는 사람을 위해, 좋은 일 하라며 울려 대는 자선냄비 종소리에 흔쾌히 지갑을 열어 큰돈을 선뜻 내어 놓을 수 있는 내가 되고 싶다.

보통의 사람들은 말한다. 부를 가지면 나누며 살겠다고.

나 혼자만 잘 살아야지 생각하지 않기에, 내가 부를 가지면 나만 좋은 것이 아니다. 나도 좋고 누이도 좋은, 충분히 나누어 더불어 살 수 있는 사람이기에 내가 가져도 될 거라 생각한다. 그래서 '로또 맞는 일' 혹은 내 인생을 바꾸어 줄 '로또 같은 사람'을 만나는 일을 상상한다.

이렇게 상상만으로도 기분 좋아지는 일을 하지 말라 말할 순 없다. 충분히 그 순간 행복했다면 그걸로 좋다. 하지만 이런 대책 없는 상상 뒤에 마주하게 되는 것은 현실에서 아등바등 살아가는 나이다. 내 삶을 처량하게 만드는 상상이 되지 않도록 하자. 현실의 나에게 패배감을 안겨주지 않는 상상을 하자.

"하나를 잘하는 사람은 다른 것도 잘한다. 그것은 그 사람의 능력 때문이 아니라 그 사람의 태도 때문이다."

마하트마 간디의 말이다. 나의 내일이 궁금하고 로또 같은 일이 나에게 일어날지 궁금하다면 나의 어제와 오늘을 돌이켜 보라. 나의 어제는 어떠했고 오늘의 나는 어떠한가? 어제의 하루, 오늘의 하루가 모여 내 인생을 만든다. 로또 같은 하루가 일어날 가능성은 용한 점쟁이를 찾지 않아도 어제와 오늘의 내 모습으로 미루어 짐작할 수 있다. 1시간이 모여 하루가 되고, 하루가 모여 삶이 되니까.

나의 일상, 평범했던 하루를 돌이켜 생각해 보라. 과연 성공한 사람들의 하루와 닮아 있는가? 성공한 사람들의 일상, 하루만을 놓고 보면 그렇게 대단하지 않다. 그저 조금 더 부지런하고 나보다 조금 더 열심히 살았을 뿐이다.

그런 '조금 더'의 하루가 모여 그들의 역사를 만든다. 나 또한 마찬가지다. 어제의 나, 오늘의 나, 그리고 내일의 내 모습이 10년 후, 20년 후의 내 모습을 결정한다. 나는 내일의 내가 오늘을 후회하지 않도록 순간순간에 충실해야 한다. 해가 바뀔 때마다 비싼 돈을 들여 점쟁이를 찾아가지 않더라도 우리는 스스로 우리의 미래를 점쳐 볼 수 있다. 오늘의 내 모습은 미래의 나를 가늠하기에 충분하다.

성공한 사람이 성공한 이유는 그 사람이 똑똑하고 돈이 많아서가 아니다. 책이고 강연이고 아무리 시간을 내서 읽고 들어 보아도 성공한 사람들이 말하는 성공의 결정적 비법은 특별하지 않다. 사실 보통 사람들도 쉽게 생각할 수 있는, 나의 생각과 별반 다르지 않고 내가 이미 알고 있는 방법들만 다시 보고 듣게 되는 경험들이 종종 있었을 것이다. 나도 알고 그들도 아는, 새삼스러울 것 없는 평범하고 비슷비슷한 성공의 비법들.

많은 책과 강연들을 통해 내가 알아낸 사실은 '성공에 특별하고 새로운 키워드는 없다'는 사실이다. 내가 알고 다른 사람도 아는 평범한 그것들 안에 답이 있다. 나에게 대단하지 않은 비법 중 성공의 결정적 비법으로 단 하나만을 꼽으라고 한다면 글로 다 표현해 낼 수 없는, 그 시간을 보내 온 사람만이 오롯이 알 수 있는 '매일의 힘'을 꼽을 것이다. '나는 매일 몇 년간 무엇을 했다'라며 무심히 한 줄로 끝나 버리는, 책의 어디에 쓰여 있는지 기억조차 할 수 없는, 독자들은 쉽게 지나쳐 버리기 쉬운 그 무심한 '매일'이라는 두 글자가 성공한 이들의 결정적이고 공통적인 비법이다.

성공한 이들이 써놓은 '매일'과 보통 사람이 책을 읽으며 찰나의 순간처럼 읽고 지나가 버리는 '매일'은 24시간이라는 물리적 시간은 같지만 그 무게는 현저히 다르다. 특정한 일을 하며 매일을 꾸준히 보내 본 사람만이 알 수 있는 엄청난 인고의 시간, 꾸준함으로 무장된 성실함이 '매일'이란 두 글자 뒤에 숨어 있다. 가볍게 읽고 지나칠 수 있는 짧은 글 한 줄 또는 단어 하나가 성공한 사람들의 결정적 비법이다.

별반 다르지 않은 비법으로 하루하루를 보내며 조금 더 열심히 살았을 뿐이고 그 하루에서 무언가를 배우고 깨달아 좀 더 나은 내일을 만들었을 뿐이다. 나도 알고 너도 아는 일을 누군가는 매일, 수년간 해냈고 누군가는 아는 것에서 끝이 난다.

'아는 것'으로 멈춘 사람과 아는 것을 삶으로 녹여낸 사람의 차이, 그것이 성공의 결정적 비법이다. 작은 일을 하찮은 일로 보는 사람은 큰 기회가 찾아와도 잡을 수 없다. 준비되지 않은 사람 앞에서 기회는 기다려 주지 않는다. 기회는 한가한 녀석이 아니다. 누군가에게로 슬며시 다가왔다가 바삐 다른 사람을 찾아간다. 기회는 언제나 하찮은 모습으로, 약하고 작은 모습으로 우연을 가장해 찾아온다.

콜로세움, 피사의 사탑, 앙코르와트 사원 등 불가사의한 세계의 문화유산들도 하나의 돌에서부터 시작되었고, 고흐, 밀레, 피카소의 세기의 명작들도 하나의 점과 선에서 시작되었다. 결국 성공도, 기회도 쪼개고 나누어 보면 작고 하찮은 일에서 시작됨을 알 수 있다. 작은 일에 마음을 다할 수 있는 사람이 큰 기회 앞에서도 겁 없이 자신을 던져 볼 수 있다. 큰일이 작은 일의 연속임을 아는 사람이기에 큰일을 두려워하지 않는다. 스스로의 경험을 통해 작은 일의 위대한 힘을 알고 있다. 작은 것들로 만든 꾸준함이 큰 기회를 잡는 일임을 고민하고 생각하지 않아도 본능적으로 알 수 있다. 큰일 앞에서 두려움보다 작은 일로 쪼개고 나누어 일상으로 만들어 즐겁게 큰일을 준비하고 이루어 낼 수 있다.

태산도 작은 돌 하나하나를 거부하지 않았기에 태산이 되었다고 하지 않았던가. 가벼움도 켜켜이 쌓이면 무거움이 된다. 작은 것들이 모여 큰일을 만든다. 나는 성공할 자격이 충분한 사람인가? 어제 그리고 오늘의 나를 돌이켜 보라. 그곳에 답이 있다.

5.
나의 한계를 아는 나

"역시 넌 뭐가 달라도 다르네", "아, 좋겠다", "나도 책 한번 써보고 싶다", "작가? 멋지다", "그런 건 어떻게 하는 거야?", "세상에…. 작가가 내 주위에 있다니 신기하다."

첫 번째 책 《당신의 삶에 용기를 선물합니다》를 출간한 후 그 소식을 접한 주위 사람들에게 듣게 된 이야기이다. 세상 가장 평범했던 내가 책 한 권으로 작가라는 타이틀을 달고 나니 나를 보는 시선이 달라졌다. 아직 책이 출판이 되어 세상에 나온 것도 아니고 그저 출판사와 출간 계약을 맺었을 뿐이다. 나는 달라진 게 아무것도 없다. 처음부터 끝까지 혼자만의 힘으로 써낸 책도 아니었다. 글은 내가 썼지만 응원해 주는 이들이 있었다.

처음 글을 써보는 나에게 고비는 언제나 찾아왔다. 내 생각, 내 어투로 글을 쓰고 보니 뭔가 엉성하고 이상했다. 말을 할 땐 괜찮았는데 말에서 리듬과 호흡을 덜어내고 온전히 글로만 읽어 보니 문장도, 문맥도 어설펐다. 책이라고 말하기엔 부족했다. 자판을 두드려 가며 글을 썼다. 한참을 쓰고 지우기를 반복하여 모니터 가득 글을 채우고 나면 '과연 이게 책이 될까?'하는 강한 의구심이 생기기도 했다. 헛된 희망으로 시간 낭비를 하고 있는 것 같아 글쓰기를 멈추고 싶은 날들이 많았다.

그럴 때마다 단 1%의 의심도 없이, 확신에 찬 표정으로 '잘하고 있다' 말하며 끊임없이 동기부여 시켜 준 스승님이 계셨고, 같이 글쓰기를 시작한 동기들이 있었다. 특히 같이 시작해 먼저 글을 쓰고 출간을 하는 동기들을 보며 '어쩌면 나도 할 수 있겠다'라는 희망이 생겨나기도 했다. 혼자 쓰는 글이지만 혼자가 아니었다.

막연히 작가라는 꿈을 꾸어 본 적은 있지만 그 꿈은 언제나 '10년 후'에 있었다. 꿈이라고는 하지만 무언가 해 본 적도 없었고 내가 진짜 책을 쓸 거라 생각하지도 않았다. 그저 꿈이었다. 나 역시 작가라고 하면 '멋지다', '대단하다'는 말부터 튀어나왔다. 간혹 내가 사는 지역에서 저자 사인회라도 있는 날이면 책을 사들고 쫓아가 동경의 눈빛으로 그들을 바라보곤 했다. 나 역시 '작가'라는 사람들을 볼 때면 내 주위 사람들과 하나 다를 것 없는 그런 보통 사람이었다. 난 그들에게 그저 평범한 친구였고, 동료였고, 가족이었다. 그런데 출간 계약 하나로, 나를 정의하던 모든 것이 달라져 있었다.

"작가? 멋지다. 나도 책 좋아하는데…."

"나도 책 한번 써보고 싶다."

나의 소식을 부러워하며 말하는 모든 사람들에게 책 쓰기를 강력히 추천했다. 하지만 대답은 약속이나 한 듯 같았다.

"내가 어떻게? 난 글 못 써."

"나는 그런 거 못해."

무언가를 해보기도 전에 나는 못하는 사람이라 스스로 단정 짓는다. 책을 출판하는, 소위 말하는 '대단한 일'이 아니더라도 내가 무언가를 추천하면 자주 듣는 대답이다. '살사를 배웠다, 기타를 친다' 말하면 '부럽다, 나도 배워 보고 싶다'라는 대답이 돌아오고, 누구나 쉽게 배울 수 있는 '저비용 큰 만족' 취미 생활이라 언제나, 누구에게나 강력 추천하는 취미 활동들이다. 하지만 또 같은 대답이 돌아온다.

안타까운 마음에 '같이 가보자'며 동행 의사를 밝히기도 했고, '내가 가르쳐 주겠다' 말하기도 했지만 역시나 같은 대답을 듣곤 했다. 일상에서 하루 1시간, 큰 노력을 기울이지 않아도 충분히 배우고도 남을 일조차 '나는 그런 거 못하는 사람'이라며 스스로 한계를 만들어 버린다.

'할 수 있다, 어렵지 않다' 말하는데 스스로 '못한다, 안 된다'라고 말하는 사람 앞에선 내가 해줄 수 있는 것이 없다. 내가 하는 것들을 해보고 싶다 말하는 누구에게도 '어렵다, 힘들다'를 말한 적 없다. 나는 즐겁지 않은 일은 하지 않는다. 재미있는 일이기에 권했다. 그럼에도 불구하고 한번 해보지도 않고 '어렵다, 못한다'며 스스로 한계를 만들어 버렸다.

이미 한 권의 책을 쓰고, 두 번째 책을 쓰고 있는 나이지만 여전히 글 쓰는 일은 나에게 어렵다. 쉽고 자연스러운 문장이 써지지 않는 것도 고민이고 머릿속에 있는 말이 글로 그대로 전달되지 않는 것도 고민이다. 머릿속에 가득했던 말들을 글로 쓰고 보면 전하고자 했던 것들은 온데간데없고 늘 주위만 맴도는 글뿐이다. 논리도 없고 재미도 없다. 그래서 나는 아직 스스로를 '작가 지망생'이라 부른다.

더 많은 책을 출간한 사람들은 이런 고민을 하지 않는

지 나는 모른다. 하지만 나는 전문 작가가 아니다. 이제 겨우 책 한 권을 써보고 두 번째 책을 쓰고 있다. 아마도 처음 글을 쓰는 사람은 누구나 비슷한 고민을 하게 되지 않을까? 머리로 생각하는 것이 아니라 직접 무언가를 해보아야 나의 부족함을 알 수 있고 채워야 할 부분도 알게 된다.

난 '책을 써야겠다', '준비가 되었다'라는 생각을 한 적이 없다. 우연히 접한 '글쓰기 특강'을 통해 무심코 시작했던 일이다. 그저 시도했고, 포기하고 싶을 때도 있었지만 주위의 응원과 격려를 통해 멈추지 않고 천천히 나의 속도로 마무리했을 뿐이다. 단연코 내가 대단한 사람이라 책을 쓴 것이 아니다. 그런데 책을 쓰고 나니 나는 대단한 사람이 되어 있었다.

사람은 신이 아니다. 부족함이 사람을 더욱 아름답게 만든다. 출중한 외모에 능력과 실력까지 흠 잡을 곳 없는데 냉철한 판단력까지 갖춘 사람을 보면 사람들은 완벽하다 말하면서도 왠지 모를 불편함을 느끼며 거리를 둔다. 실수 하나 없이 빠르게 처리하는 일을 보면 날카로운 성격일 것 같고, 감정에 흔들리지 않고 자신의 소신에 따른 주관을 이야기하면 사람들은 '가슴이 없는 사람', '차가운 사람'이라고 미루어 짐작한다. 모든 것을 다 갖춘 사람이 심장마저 따뜻하면 내가 너무 '쭈글이'가 되는 것 같다. 가슴은 싸늘히 식어 차갑다 생각해야 내가 작아지지 않을 것 같다. 사람들은 그렇게 스스로를 위로한다.

많은 사람들이 완벽한 사람이 되길 원하며 부단히 노력하지만 실상 완벽해 보이는 사람이 곁에 있으면 좋아하지 않는다. 그들에겐 내가 해줄 말도, 도와줄 일도 없다. 그래서 사람들은 완벽해 보이는 사람들 곁에 가지 않는다. 그들의 내일이 궁금하지도 않다.

반면 겉모습도 완벽하고 똑똑한데 밥 먹을 때마다 흘린다든가, 차갑고 도도한 이미지의 사람에게서 구수한 시골 사투리를 듣게 되면 경계하고 불편했던 마음을 이내 풀어 버린다. 빈틈없이 완벽한 모습보다 그들에게 있는 약간의 허점을 우린 반긴다. '인간답다', '사람 냄새 난다'라고 말하며 완벽하지 않은 그 모습에 오히려 완벽함을 더해 준다. 가벼운 충고 한마디 던질 수 있는, 여백의 미가 있는 사람들과 우리는 관계를 맺는다. 그리고 그들의 일상과 내일에 관심을 갖기 시작한다. 이렇듯 완벽함보다 2% 부족한 완벽함이 사람들의 마음을 움직인다.

빈 곳이 있고 여백이 있어야 채울 수 있다. 부족함과 모자람이 꿈을 꾸게 하고 내일의 희망을 만든다. 완벽한 것은 더 이상 손댈 곳이 없음을 말한다. 완벽한 것은 지금 모습 이외 다른 어떤 모습을 허락하지 않는다. 늘 같은 모습, 변함없는 모습일 뿐이다. 잠시 완벽함의 멋을 발견하며 감동할 수 있을지 몰라도, '완벽'이라는 말 뒤에 숨겨진 빈틈없음이 더 이상 무엇도 기대하지 않게 만든다. 내일도 모레도 지금의 모습 그대로일 테니까. 재미없고 지루할 뿐이다.

내가 모자라다고 생각했던 그 부족함이 나를 꿈꾸게 한다. 부족함과 모자람으로 인해 나는 무엇이든 될 수 있고 무엇이든 할 수 있다. 내가 단점이라 꼬집었던 부분을 다시 바라보자. 그 단점이 나를 성장시킬 가장 강력한 무기이고 내 삶의 성장 키워드가 된다. 그러니 못하는 것에 집중해서 스스로를 비난하고 자책하지 말자. 그렇게 스스로에게로 향한 화살은 스스로의 한계를 만들어 낼 뿐이다. 나의 한계는 누구도 한정 짓지 않는다. 오직 한 사람, 바로 나 자신만이 한계를 만든다. 부족함을 한계로 인정하고 굴복하느냐, 부족함을 통해 꿈을 꾸고 희망을 노래하느냐에 따라 우리가 그토록 갈망하는 '꿈'이 헛된 꿈이 될 수도 있고 해볼 만한, 성취 가능한 꿈이 될 수도 있다. 성공, 꿈을 위해 내가 제대로 알아야 하는 것이 하나 있다면 내가 만든 한계가 아니라 '나 자신'이다. 그렇다면 자신을 제대로 알고 있는 사람은 얼마나 될까?

전형적인 올빼미형으로 아침잠이 아주 많은 사람이 있다. 이런 사람은 아침밥보다는 아침잠이라며 밥 먹을 시간 대신 잠자기를 택한다. 이런 사람이 자기계발서를 읽다 성공한 사람들의 공통점을 발견한다. 책 속의 성공한 사람들은 새벽 시간을 잘 활용하고 있다는 것을 알게 된다. 책을 읽으면 읽을수록 아침 시간 활용의 중요성을 알게 된다. 그렇게 책을 읽어 가며 자신도 모르는 사이 새벽을 여는 사람이 되길 바라고 있다. 특별한 이유가 있는 것이 아니라 '새벽형 인간' 자체가 목표가 되어 버렸다.

하지만 일의 능률이나 처리 속도가 밤이 되면 빨라지니 중요한 일들은 저녁에 처리하게 되고 잠자리에 드는 시간이 좀처럼 당겨지지 않는다. 마음먹고 허둥지둥 일을 처리하고 일찍 자리에 누웠지만 처리하지 못한 일들이 마음에 걸려 쉽게 잠들지 못한다. 그렇게 뒤척거리다 어느새 잠이 들고 새벽이 온다. 잠시 눈을 붙인 것 같은데 알람은 4시부터 요란하게 울려 대고 10분 단위로 계속 울려 대지만 끄고 '잠들기'를 반복할 뿐이다. 결국 7시가 넘어서야 몸을 일으킨다. 평생의 생활리듬이 올빼미형으로 맞추어져 있는데 책 몇 권으로 삶을 바꾸어 보려고 하는 것이다.

이렇게 아침잠이 많은 사람은 의지는 강하지만 평생의 습관이 자꾸만 알람을 끄게 만든다. 이렇게 매일 아침 눈을 뜨는 것이 너무나 어렵고 혹여 몸을 일으킨 날도 비몽사몽이다. 책도 읽히지 않고 일도 되지 않는다. 새벽 기상으로 오후 내 멍한 상태가 유지되고 빠르게 일처리를 해야 할 저녁까지 비몽사몽이다. 시간이 지나면 괜찮아질 거라 스스로 다독이며 새벽형 인간으로 바뀌어 보려 하지만 몇 달이 지난 후에도 여전히 일어나는 것이 힘들다.

이런 사람에게 '새벽 기상'은 한계일까? 방법의 오류일까? 유혹이 많은 저녁 시간보다 조용한 새벽 시간을 활용하는 것이 좋은 방법이긴 하다. 하지만 이미 저녁 시간을 의도한 대로 잘 보내고 있는 사람이 갑자기 '책의 충고'를 받아들여 평생의 습관을 바꾸려 노력하다 실패한다면 이것은 한계로 보아야 할까? 방법의 오류로 보아야 할까?

이렇게 글을 읽으며 '한심한 사람' 또는 '멍청한 사람'이라 쉽게 말할 수 있겠지만 의외로 많은 사람들이 이런 오류에 빠져든다. 그리고 방법의 오류를 통해 스스로 한계를 단정 짓는다. 나의 한계를 정확히 알고 될 일만 하는 것이 효율적으로 보일 수 있다. 하지만 그 한계에 오류가 있다면 어떻게 해야 할까? 오류로 인해 나의 잠재적 가능성에 기회조차 주고 있지 않다면 이처럼 억울한 일도 없다. 나의 한계를 알고 싶다면 그리고 성공하고 싶다면 '나'부터 제대로 알자.

사람들은 나는 내가 제일 잘 안다고 말한다. 하지만 스스로를 잘 안다 '착각'하는 사람이 훨씬 많다는 것을 알게 되었다. 내가 잘 아는 나의 한계를 넘어 '나 자신'을 잘 아는 길이 성공을 위한 첫 단추가 된다. 이 글을 읽는 누군가는 '나는 나를 잘 알고 있다'고 생각할 수 있다.

다음 페이지의 '셀프 인터뷰'를 통해 내가 나를 얼마나 알고 있는지 체크해 보라. 그리고 반드시 그 질문들에 대해 '나만의 해답'을 찾아보길 권한다. 우리에겐 질문하는 문화도 없을 뿐더러 혹여 책이나 강의 등을 통해 그런 경우가 있다 하더라도 끈질기게, 끝까지 그 답을 찾으려 하는 사람을 본 적이 없다. 성공하고 싶다면, 좀 더 나은 삶을 살고 싶다면, 행복한 삶을 살고 싶다면 나에게 질문하고 나만의 답을 찾아라.

질문이 질문으로 끝이 나도 안 되고 다른 사람의 그럴듯한 답이 내 답인 것처럼 해서도 안 된다. 100명의 사람이 있으면 100가지의 답이 있다고 말하는 유대인들처럼 오롯이 나만의 답을 찾을 수 있어야 한다(다음 장의 '셀프 인터뷰'에서 절반 이상의 문제에 즉답할 수 있다면 제법 나를 잘 아는 사람이다).

Action

셀프 인터뷰: 나에게 하는 인터뷰

질문에 대한 답을 생각하는 것에 그치지 말고 반드시 써보기를 권한다. 답은 상황과 경험에 따라 변할 수 있다. 질문에 대한 답은 시간을 두고 계속해서 수정해 나가면 더 좋다.

1. 내가 좋아하는 것은 무엇인가?

2. 내가 잘하는 것은 무엇인가?

Action

Action

3. 나의 행복했던 기억은 무엇이고 나는 무엇을 할 때 행복함을 느끼는가?

4. 내가 생각하는 행복은 무엇인가? (나만의 정의)

5. 타임머신을 타고 단 한 순간으로 돌아갈 수 있다면 언제로 돌아갈 것인가? 왜 그때로 돌아가고 싶은가?

6. 내 삶에서 가장 후회되는 일은 무엇인가?

7. 좋아하는 일, 잘하는 일, 인기 있는 일, 타인에게 도움이 되는 일, 행복한 일 중 가장 중요한 것은 무엇인가?

8. 아침에 눈을 뜨면 어떤 기분이 드는가?

Action

Action

9. 지금 내가 하는 일은 즐거운가? (출근길이 즐거운가?)

10. 9번 질문의답이 그렇지 않다면, 그렇지 않음에도 그 일을 계속하는 이유는 무엇인가?

11. 시간과 돈에 구애받지 않는다면 나는 어떤 일을 하고 싶은가?

12. 신이 나타나 소원 하나를 들어준다고 하면 무엇을 빌 것인가? (소원을 빌 수 있는 시간은 단 3초)

13. 10년 후 나는 어떤 삶을 살고 있을 것 같은가?

14. 10년 후 나는 어떻게 살고 싶은가?

Action

15. 인생을 살며 꿈은 꼭 필요하다고 생각하나?

16. 15번 질문이 그렇다고 생각한다면 그 이유는 무엇이고 나의 꿈은 무엇인가?

17. 나는 그 꿈을 위해 지금 무엇을 하고 있는가?

18. 멘토는 어떤 의미인가? (나만의 정의)

19. 나의 멘토(또는 롤모델)는 누구인가?

그 멘토(또는 롤모델)를 얼마나 잘 알고 있나?

20. 지금 이 시대는 혼자 사는 세상인가? 함께 사는 세상인가?

Action

21. 타인을 이해한다는 것은 무엇인가?

22. 사후 나는 어떤 사람으로 기억되고 싶은가?

23. 나의 묘비에는 어떤 글을 남기고 싶은가?

24. 나의 자녀가 매 순간 나와 같은 결정을 하고 나와 같은 삶을 살겠다고 한다면 어떻게 할 것인가?

25. 내 삶의 비전은 무엇인가?

26. 내가 이 세상에 태어난 이유는 무엇이라 생각하나?

Action

Action

27. 나는 누구인가?

II

지금 필요한 것은 '용기'

"꿈을 품고 무언가 할 수 있다면 그것을 지금 시작하라.
새로운 일을 시작하는 용기 속에는 당신의 천재성과 능력,
그리고 기적이 모두 숨어 있다."

– 괴테

1. 내 삶을 지키겠다는 의지
2. 얼마든지 넘어질 수 있다는 받아들임
3. 결과보다는 과정에 가치를 두는 마음가짐
4. 내 자신에 대한 신념과 확신
5. 작은 행동으로 얻게 되는 큰 용기

〈Action〉 나만의 선언문 만들기: 모닝 선언문 & 비전 선언문

1.
내 삶을 지키겠다는 의지

이름: 박혜정

소속 및 직책: 동부 4지점 과장

근무 연수: 13년 10개월

계좌: ******-********(**은행)

사유: 개인 사유

업무를 보고 많은 자료들을 처리하며 매일 두드렸던 키보드다. 흡사 무기같이 무겁기만 하던 노트북과 안녕을 고하고 몇 년 전 구름처럼 가볍고 하얀 노트북이 내 책상으로 이사를 왔다. 전 직원이 바라던 노트북 교체가 이루어진 날. 직원들은 노트북의 색상과 무게에 만족하며 '이제 커피숍에서도 당당하게 노트북을 켤 수 있겠다'라고 말하며 그간 카페에서의 남모를 고충들을 이야기하곤 했다.

키보드 위에 손을 올려놓고 몇 글자 두드려 보지도 않고서 알았다. 노트북만 가벼워진 것이 아니라는 것을. 꾹꾹 눌러 사용하던 예전 키보드와는 완전 다른 느낌이었다. 가볍게 터치되는 느낌과 키보드를 누를 때마다 맑게 타닥타닥 거리는 소리가 좋아 일부러 키보드를 두드려 보곤 했다. 손끝을 바짝 세워 빠른 속도로 글을 써나가면 그 소리가 나를 대단한 '커리어우먼'으로 만들어 주는 것만 같았다.

자료 작성을 하며 고민 없이 한 번에 보고서가 완성되는 날이면 맑은 키보드 소리가 유독 더 깨끗하게 들렸다. 피아노 왼쪽 부분에서 묵직하게 들리는 울림 강한 저음의 소리가 아니라 오른쪽 끝에서 들을 수 있는 고음의 깔끔한 소리, 그 소리가 마치 이른 새벽의 새소리처럼 들리곤 했다. 머릿속으로 생각했던 것들이 글과 도표로 만들어지며 제법 그럴듯한 자료가 만들어지는 날이면 키보드를 두드리는 내 손은 이미 피아니스트였다. 내 손은 키보드를 두드렸지만 그 소리는 여느 음악보다 나를 기분 좋게 만들어 주었기 때문이다.

오랜 시간 함께하며 늘 가볍게 느껴졌던 키보드가 오늘따라 무겁다. 맑고 경쾌한 음악소리는 어디로 사라지고 차갑고 둔탁한 소리만 내 귀에 들려왔다. 타닥타닥 키보드를 두드리며 써내려갔다. 성인이 된 후 대학 시절을 제외하면 내 모든 것이었고, 내 삶이었다.

출근 시간 7시 50분. 사무실에서 가장 늦게 출근하는 나였다. 평균 퇴근 시간 9시. 이것은 보통의 출퇴근 시간이고, 한 달에 서너 번은 부산으로 회의를 가곤 했는데, 부산으로 출장을 가는 날엔 12시 이전에 집으로 돌아온 기억이 없다. 그리고 선임회의가 있는 날이면 서울이나 경기도로 아침 출근을 해야 했고, 이런 날은 새벽 4시에는 일어나야 겨우 시간을 맞추어 출근을 할 수 있었다. 그런데 이런 생활이 힘들지 않았다. 물론 직장인이다 보니 누구나 그렇듯 가끔씩 사직서를 던지고 싶은 날들도 있었지만 힘들고 어려운 날보다는 즐겁고 재미있는 날이 훨씬 더 많았다.

돌이켜 생각해 보니 집에서는 잠만 잤을 뿐이고 눈뜬 시간의 대부분은 회사에서 보냈다. 가족들보다 더 오랜 시간을 함께 보내는 사람들이 직장 동료들이었다. 회사는 곧 내 삶이었다. 14년이라는 시간 동안 보통의 직장인들이 상상할 수도 없는 일들을 배우고 이루며 나도 성장했고, 회사의 성장도 지켜보았다. 창립 50주년, 60주년 행사를 함께했고, 70주년 행사를 기다렸다.

제법 잘나간다 스스로 자부했고 일도 꽤 잘하고 있다

생각했다. 포상여행도 몇 번을 제외하곤 거의 매년 다녀왔고, 같은 직군의 교육 때에는 언제나 무대에서 발표를 하던 나였다. 그렇게 회사는 나의 전부가 되어 갔고 그러다 보니 회사에서 나의 꿈은 커져 갔다. 동료들은 아무도 생각지 않는 MBA 과정이며 해외 사업장에서의 근무 등 다소 무리한 나만의 꿈을 그리기도 했다. 언제 어디서든 나를 소개하는 자리가 생기면 나는 당당히 명함을 내밀었다. 들으면 알 만한 회사에 내 직군으로는 흔치 않은 과장 자리까지. 회사는 곧 나였다.

직장 생활을 해본 사람이라면 안다. 아무리 좋은 회사라 해도 고비는 찾아온다. 업무의 과중함으로 오기도 하고 권태를 느끼며 찾아오기도 한다. 나도 처음 입사해서 3개월도 되지 않았을 때 '딱 2년만 다녀야지' 생각했다. 하지만 내가 했던 일에 비해 더 많은 칭찬과 포상을 받으며 그 생각은 희미해지고 있었다.

입사를 하고 서른을 앞둔 나이, 5년차부터 고비는 자주 찾아왔다. 업무의 과중함이나 권태가 아닌 '나이'가 만들어 낸 나만의 고비였다. 지금 다른 일을 하지 않으면 새로운 일을 시작하기 힘들 거라는 혼자만의 고민에 29살의 나는 끊임없이 사직서의 유혹에 빠져들었다. 딱히 하고 싶은 일이 있었던 것도 아니었다. 그저 새로운 일을 시작해야 할 것 같은 기분이었다. 고민만 하다 서른이 되었다. 서른이 넘은 후부터는 매년 고비가 왔다.

'하루라도 더 빨리, 한 살이라도 더 어릴 때 새로운 일을 해야 하지 않을까'

늘 고민을 했지만 답은 늘 회사였다.

퇴사를 하지 못하는 가장 결정적인 문제는 '적당히 잘하는 나'였다. 차라리 일이 적성에 맞지 않고 재미없었다면, 혹은 일을 못해 눈치 속에 다닌 회사였다면 쉽게 회사를 떠났을 것이다. 하지만 나는 운이 좋다. 예전에도 좋았고, 지금도 좋다. 이렇게 가진 믿음이 진짜 운을 가져다준 것 같다. 언제나 내 노력에 비해 결과가 좋았고, 내 능력에 비해 넘치는 칭찬을 받았다.

동료들끼리 모여 술 한잔 하는 날이면 상사들의 욕은 안주이다. 나도 적당히 맞장구를 치긴 했지만 사실 나에게 나쁜 상사는 없었다. 동료들에게 하는 행태를 보면 비이성적이고 사람답지 못한 언행을 하며 모욕감을 주는 상사라도 나에겐 언제나 칭찬을 더 많이 했다. 그렇게 나는 점점 회사와 동화되어 갔고 회사는 나의 든든한 울타리가 되고 있었다.

끊임없는 고민 속에서 나이는 들어갔지만 나의 답은

한결같았다. 고민과 같은 정답 뽑기를 반복하며 시간은 흘렀다. 직장생활 10년차가 되었다. 결혼을 하고 예쁜 딸도 낳았다. 나의 씀씀이는 어느새 회사의 월급에 딱 맞추어져 있었고 월급 며칠 전이면 통장 잔고가 바닥을 보이곤 했다. 곧 차장 승진도 할 수 있을 것 같았고, 보직 변경을 해서 조금만 노력하면 '지점장'이라는 자리도 꿈꿀 수 있을 것 같았다.

내 나이 서른아홉.

사직서를 쓰고 딱 10일이 지났다. 그렇게나 고민하고 또 고민하며 14년이라는 시간을 보냈건만 사직서는 채 열네 줄도 되지 않았다. TV에서 보던 사직서는 하얀 종이를 펼쳐 놓고 자신의 이야기를 멋있게 쓰는 것 같았는데, 세상이 바뀌었다. 회사 홈페이지에 접속해 몇 번의 클릭과 몇 줄의 글로 끝나 버리는 사직원.

모든 것을 처리하는 데 3분이면 충분했다. 지금까지 머리 터지게 고민했던 나의 기나긴 시간이 허무하게 느껴질 만큼 사직서를 쓰는 일은 간단했다. 눈물 콧물이 흐르고 지난 시간이 주마등처럼 지나갈 줄 알았다. 하지만 너무나 간단한 시스템 덕에 14년간의 회사, 내 삶을 정리하는 그 순간에 어떠한 감정도 느낄 수 없었다. 마치 연차 보고서 한 장 올리는 기분 같았다고 해야 할까?

나는 그렇게 두려워했던 스물아홉에서 딱 10살을 더 먹었다. 스물아홉의 내가 바라본 서른아홉, 지금의 나는 아무것도 할 수 없는 사람이다. 취직은 할 수 있겠지만 소위 말하는 괜찮은 회사에서는 절대 받아 주지 않을 나이, 이력서조차 넣지 못할 나이이다(사실 현 사회의 통념상 부정할 수도 없는 부분이다). 마흔까지 채 두 달도 남지 않았다. 나는 이 회사에 감사하며 열심히 다녀야 했고, 앞으로 책임질 가정과 아이가 있으니 더 열심히 일해야 했다. 혹여 눈칫밥으로 회사를 다니게 되더라도 눈감고 귀 막으며 '버티기'를 해야 마땅했다.

퇴사를 앞두고 많은 사람들의 만류가 있었다. 회사에서도 육아를 위해 '출퇴근 시간을 배려해 주겠다' 했고 내가 해야 할 업무도 당분간 줄여 줄 수 있다고 했다. 많은 동료들이 지나온 시간과 앞으로의 길을 보고 '다시 한 번 더 생각해 보라' 만류했다. 본사 팀장도 귀한 시간 쪼개어 지방에 있는 나를 찾아와 다시 생각해 보라 했다. 눈물이 쏟아지던 순간이다. 지나온 내 시간을 인정받는 느낌이었고, 회사에 뿌려 놓은 내 노력이 헛되지 않았음을 확인하는 순간이었다.

사직서를 내고 나면 앞으로의 삶이 무척이나 두려워질 줄 알았다. 먹고살 문제부터 매달 내야 하는 대출금과 각종 공과금들까지, 현실 앞에 걱정이 하나도 없다면 거짓말이다. 나 하나 먹고사는 문제를 넘어서 가정과 아이가 있기에 그 무게감은 여느 가장 못지않다.

하지만 오늘의 걱정만큼 내일의 나도 기대된다. 불쑥불쑥 불안함이 솟구쳐 오르지만 그럴 때마다 1년 후, 2년 후를 상상한다. 매일이 행복함 속에서 눈을 뜨고, 일이 하고 싶어 뛰쳐나가는 내 모습이 그려진다. 밤을 새며 일해도 그저 즐겁고 에너지 가득한 내 모습이 그 속에 있다. 나의 일과 삶의 목표와 비전이 적절하게 섞여 지금보다 더 멋있게 살아갈 내 모습을 그려 본다.

지금까지의 삶도 나였고, 앞으로의 내 삶도 온전히 나이다. 하나 다른 것이 있다면 '오늘부터 나는 내 삶의 주인공이 되기로 했다'는 것이다. 더 이상 다른 사람의 꿈을 부러워하지 않고 내가 꿈을 이루어 누군가에게 작은 용기를 줄 수 있는 사람이 되기로 결심했다. 나는 이렇게 온전히 내 삶을 지키기로 했다. 수년 전부터 매일 쓰고 외치며 내 삶의 지침으로 삼았던 글귀를 이제 행동으로 옮겨 보려 한다.

'내가 꿈을 이루면 나는 다른 사람의 꿈이 된다.'

2.
얼마든지 넘어질 수 있다는 받아들임

책을 읽기 위해선 책을 준비하고 읽을 시간을 확보해야 한다. 영어를 배우기 위해선 영어를 쓰는 사람들의 말을 충분히 듣고 익숙해질 때까지 내 입으로 뱉어 보아야 하고, 여행을 가기 위해선 여행을 가기 위한 방법(일, 저금, 여행 이벤트 참여 등)부터 모색해야 한다.

글을 읽으며 '무슨 이런 당연한 말을…'이라는 생각부터 들었다면 나를 위한 생각과 고민도 '지극한 당연함'으로 받아들였으면 한다. 내가 간절히 바라는 무언가를 이루기 위해 넘어지거나 잠깐의 실패가 있을 수도 있다는 점이 바로 내가 나를 위해 가져야 할 당연한 마음가짐이다.

수영선수가 되기를 꿈꾸는 사람은 수영선수가 되는

그날을 위해 계절을 가리지 않고 연습을 한다. 추운 겨울이라 핑계대지 않고 차가운 물속에서 시간을 보낸다. 수영선수를 꿈꾸는 사람의 어쩌면 당연한 노력이다. 수영선수가 꿈이라고 해서 한겨울 차가운 물속에서 수영 연습을 하는 모든 날들이 언제나 행복하고 즐겁기만 하겠는가?

다만 반드시 찾아올 꿈을, 행복한 그날을 믿고, 이루어진 듯 상상하고 그리며 그 과정을 최대한 즐겨 보려는 마음가짐이 그 사람을 훌륭한 수영선수로 만드는 것이다. 날씬한 몸을 위해 오랜 시간 식이요법을 하고 땀을 흘리며 운동하는 것은 당연하다 생각하면서 왜 사람들은 내가 꿈꾸고 바라는 것을 이루어 나가는 과정 안에서의 당연함은 간과해 버리는 걸까?

수영선수가 수영대회 단 하루를 위해 준비하는 시간은 짧게는 몇 달에서 길게는 수년이 걸린다. 하지만 더 큰 목표를 두고 준비한다면 그 준비 시간은 더욱 길어질 수밖에 없다. 작은 수영장에서 열리는 작은 대회를 목표하는 것과 세계 대회를 꿈꾸는 사람의 마음가짐이나 준비 시간은 다른 것이 당연하다.

수영대회에서 상을 받고 시상대에 오르는 그 짧은 기쁨을 맛보기 위해 수영선수가 준비하고 연습하는 시간은 짧은 글로 다 표현해 낼 수 없는 수많은 노력으로 꽉 차있다. 기록 단축을 위해 몇 달은 연습해도 좀처럼 줄어들지 않는 0.1초라는 시간 때문에 멈추고 포기한다면 훌륭한 수영선수는 만들어질 수 없다. 수영선수에게 0.1초라는 기록 단축의 시간을 위해 몇 달 혹은 수년의 노력이 당연하듯 나의 꿈과 나의 성공을 위해 어떤 것들이 당연히 함께해야 할지 생각해 보자.

사람들은 타인에겐 당연한 것이라며 시간을 허락하고 마음을 위로해 주면서 가장 관대해야 할 자신에게는 좀처럼 실수나 실패를 허락하지 않는다. 작은 실패에 스스로를 괴롭히고 탓하며 목표 자체를 불가능한 목표로 생각하기도 한다.

사람의 확신이나 믿음으로 만들어지는 현상이 아니라 너무나 당연해서 생각조차 해보지 않는, 봄이 오면 꽃이 피듯 세상의 순리처럼 나의 길 위에서 잠시 넘어지고 주저앉더라도 그것 또한 준비된 과정이라 생각하고 당연함으로 받아들이자. 당연한 것들을 당연하게 받아들이고 그것을 꿈을 향해 나아가는 하나의 과정으로 인정하는 순간 꿈을 향한 길이 한결 가벼워지고 그 과정 또한 행복할 수 있다.

인생을 살며 목표를 향해 나아가는 과정에서 넘어지

거나 실패하는 일은 흔히 일어날 수 있는 당연한 일이다. 넘어지고 실패했다고 해서 나의 목표가 사라지는 것이 아니라는 점만 잊지 않으면 된다. 이 세상에서 나의 목표를 사라지게 할 수 있는 사람은 오직 나뿐이다. 내가 나의 목표를 포기하거나 지워 버리지 않는 이상 나의 목표는 나보다 더 간절한 마음으로 기다리고 있다.

꿈과 목표를 향해 나아가는 과정에서 만나게 되는 순간순간의 고비들, 그 고비 또한 내 목표를 향한 준비된 필요사건이라는 사실을 기억하자. 넘어짐으로 바닥에 그려진 화살표를 발견할 수도 있고 실패라는 것을 통해 지금껏 보지 못했던 전혀 새로운 길을 찾아보는 기회가 될 수도 있다. 흔히 우리가 실패라고 부르는 일들은 대부분 단지 순간의 좌절에 지나지 않는다.

지금 잠시 책 읽기를 멈추고 당신의 지난 시간을 돌아보라. 내 인생 최고의 실패의 날, 실패의 사건을 찾아보라. 아무것도 배우지 못하고 어떠한 깨달음조차 얻지 못한 '완벽한' 실패의 경험을 떠올려 보라. 실패를 돌이키고 찾아낼수록 내가 배우고 성장한 순간들만 마주하게 될 것이다. 실패가 곧 성장의 순간임을 알아챘다면 순간의 좌절을 고비로 느끼며 괴로워하기보다 그 순간에 감사하며 기쁜 마음으로 배워 나가자.

실패나 좌절을 통해 포기하기보다 그 속에 숨겨진 진짜 의미를 찾을 수 있는 사람이라면 일시적인 좌절이나 고비는 더 이상 괴로운 것이 아니다. 모든 실패에는 반드시 어떠한 형태로든 배움과 성장의 모습이 함께 있다. 중요한 교훈이 실패의 그림자로 숨어 있다. 자신을 괴롭힐 시간에 실패 뒤에 숨겨진 나만의 교훈을 찾아보자. 그렇게 실패를 통해 얻은 배움이나 경험은 그 어떤 책보다 값지고 가치 있다.

순간의 좌절은 큰 꿈을 준비하는 나에게 시간을 벌어다 줄 뿐이다. 더 멋진 방법과 좀 더 나은 과정으로 꿈을 그려 보라며 시야가 좁아진 나를 위해 한발 뒤로 물러설 시간, 그래서 더 큰 그림을 멀리서 바라볼 수 있는 성장의 시간을 만들어 줄 뿐이다.

넘어짐이나 실패는 더 큰 꿈을 위해 잠시 다녀가는 찰나의 순간, 작은 사건에 지나지 않는다. 좌절은 오직 이것을 실패로 인정하는 사람에게만 실패 본연의 파괴적인 힘을 발휘한다. 반대로 그 뒤에 숨겨진 의미를 찾아내는 사람에게는 축복으로 변한다.

멈추지 않고 나의 길을 꾸준히 나아가는 사람에게 실패는 있을 수 없다. 좌절을 실패로 받아들이지 않는 사람에게 실패는 존재하지 않는다. 이렇듯 일시적인 좌절과 실패 사이에는 엄청난 차이가 있다. 내가 아니라면 그 어떤 누구도 나에게 실패자라는 낙인을 찍을 수 없다.

밤이 되면 낮이 따라 오는 것처럼 삶은 행복과 불행을 가장하고 있는 또 다른 행복의 순환이다. 불행이 불행으로 끝나는 것이 아니라 행복의 다른 모습임을 기억하자. 불행 뒤에 반드시 행복이 온다는 사실을 기억해야 한다.

날이 밝으면 아침이 오고 봄이 오면 이내 여름이 찾아오듯 한 치의 의심 없는 생각과 믿음이 반드시 나를 나의 꿈으로 데려다 놓을 것이다. 아침이 오고 여름이 오는 것이 누군가의 바람이나 노력으로 만들어지는 결과가 아닌 당연한 이치이듯, 흔들림 없는 나의 믿음이 나를 나의 꿈으로 데려다 주는 것이 너무나 당연하다 생각하라.

나의 꿈이 좀처럼 가까이 다가오지 않는가? 나의 꿈이 세계적인 선수를 원하는 수영선수처럼 크고 원대하다 생각하라. 꿈을 향해 열심히 뛰어가는데 자꾸만 실패하는가? 나의 꿈을 향해 나아가는 데 필요 없는 길들이 하나, 둘 지워지며 나의 꿈에 한발 더 가까워졌다 믿으라.

3. 결과보다는 과정에 가치를 두는 마음가짐

과정과 결과, 무엇이 더 중요할까?

이분법적으로 나누어 '무엇이 더 중요하다'라고 딱 부러지게 결론지어 말할 수는 없지만 내가 다른 사람들에게 비슷한 질문을 받을 때면 나의 답은 언제나 '과정'이었다. 과정의 중요성을 제대로 설명할 수 있다거나 과정의 가치를 제대로 알았기 때문이 아니라 내로라하는 책들이 그렇게 말하고 있었고, 유명한 강사들이 그렇게 말했기 때문이었다. 나의 생각이나 상황이 만들어 내는 답이 중요한 것이 아니었다. 그저 질문을 듣기 전부터 정해진 답이 있는 '모범답안'이었을 뿐이다.

도덕과 윤리를 배워 문제는 풀 수 있지만 언제나 삶

속에서 좁히지 못한 괴리가 있듯 내 머릿속에서 정확히 정의 내리지 못한 반쪽짜리 답이었다. 머릿속에서만 이해했을 뿐 내 머릿속을 말로 시원하게 설명하지 못하는 불완전한 답이었다. 결과가 중요하다 말하는 것보다 과정이 중요하다 말하는 것이 더 그럴듯해 보였다는 것이 어쩌면 더 솔직한 내 마음일지도 모른다.

난 한국이 경제 성장을 시작한 세대의 시작점에 태어나 성장 속도를 눈으로 보고 삶으로 느끼며 살아가고 있는 대한민국 국민이다. 한국이라는 나라가 살 만하면 살 만해질수록 세상은 당연하다는 듯 과정보다는 결과가 중요시되고 있었다. 나는 그런 세상 속에서 살아온 이 사회의 구성원 중 1명이다.

입으론 결과보다 과정이라 말하면서 마음 한구석에선 '결과도 중요해'라는 소리가 들리곤 했다. 과정이 부족해도 결과가 좋으면 그 결과를 온전히 인정해 주는 사회, 끝이 좋으면 다 좋은 것이라고 당당히 말하는 사람들, 시험 점수와 직장의 크기로 사람이 평가되는 세상 속에서 과정의 중요성은 점점 책 속의 이야기로 느껴졌다.

나 또한 이 사회의 구성원으로 살아가는 사람이었기에 소신과 확신으로 '과정'이라 말하는 것이 아니었다. 특히 사회 지도층이나 부를 권력처럼 가진 자들이 행하는 왜곡된 윤리 행태를 기사나 뉴스로 접할 때면 사회는 더욱 과정보다 결과를 중시하는 사회로 변해 가고 있는 것만 같았다. 나 역시 회사를 다니고 조직 생활을 하며 결과주의가 업무의 처리 속도나 의사 결정과정을 신속하게 하여 기업의 존재 이유인 '이윤 추구'라는 중요한 목적을 달성하기 위해 더 중요할 수도 있다는 것을 몸소 느끼고 있던 차였다.

지방의 작은 회사에서 큰 회사로 옮겨 사회 속으로 들어가면 갈수록 나도 모르는 사이 과정보다는 결과를 중시하는 나를 발견하곤 했다. 연봉과 승진을 위해선 과정에 상관없이 더 나은 결과를 요구하는 것이 기업이었고, 그 조직 속에서 지고 싶지 않은 이상한 승부욕의 발동으로 어느새 나도 결과를 좇는 사람으로 변해 가고 있었다. 그것이 내가 속한 사회에서 잘 살아 내는 거라 생각했다. 입으론 '과정'을 외치며 행동은 결과를 좇는 사람으로 살아가다 '결과보다는 과정'이라는 내 생각을 세우게 된 계기는 전혀 예상치 못한 곳에서 일어났다.

대학 졸업과 동시에 취업, 첫 직장에서 1년 반 만에 단 한 장의 이력서로 대기업으로 이직을 했다. 어렵지 않게 입사는 했지만 많은 사람들이 부러워하는 회사였고, 그곳에선 내가 좋은 결과만 만들어 내면 더 높은 곳으로 나아오를 수 있을 것 같았다.

이직을 하며 정말 잘해 보고 싶다는 의욕 넘치는 열정이 나도 모르는 사이 나를 일만 하는 사람으로 바꾸어 놓았다. 괜찮은 결과를 만들어 내면 승진이라는 이름으로 나를 인정해 주었고 달콤한 보상도 뒤따랐다. 나의 자리가 높아지고 보상이 많아질수록 회사는 나에 대한 기대치를 높였다. 나는 그 기대에 충분히 부응하고 싶었다. 그런 반복적인 행태가 나를 하루에 12시간이 넘게 일하는 것이 당연한 사람으로 만들었다. 일이 많은 날은 며칠을 15~16시간씩 일을 했지만 힘들지 않았다. 깨어 있는 시간의 대부분을 회사에서 보냈지만 어떠한 상황에서도 나름의 즐거움과 행복을 찾는 나였다.

지금 생각해 보면 노력에 비해 얻었던 괜찮은 결과들 덕분에 즐거웠다 기억하고 있는 것인지도 모른다. 그때 과정에 비해 결과가 나빴다면 힘들고 괴로운 경험으로 기억되었을지도 모를 일이다. 하지만 난 언제나 내 노력에 비해 좋은 결과를 얻는 편이었다(지금은 그것이 경력이라는 것을 알지만 그때는 죽을힘을 다해 일하는 신입들에 비해 얻어지는 좋은 결과가 나의 운이라 생각했다).

그렇게 나는 자연스럽게 결과를 좇는 사람이 되어 가고 있었다. 그렇게 나는 한 회사에서 일에만 매달려 13년을 달렸다. 아마 그 사건(?)만 아니었다면 나는 지금도 그 회사에 지점장, 사업부장을 꿈꾸며 더 큰 그림을 그리고 미친 듯이 일에만 전념하고 있었을지도 모른다. 그 사건(?)은 내 의지로는 어쩔 수 없는 강제적인 나만의 '휴식 시간'을 가지게 했다. 내가 원치 않는 브레이크 타임이었다. 하지만 계획하지 않았던 그 사건(?)이 내 인생의 가장 큰 '터닝포인트'가 되었다.

아직 세상을 많이 살아 본 것은 아니지만 언제나 나를 변화시키고 성장시킨 사건은 대체로 내가 예상치 못한 곳에서 만나게 된다. 그래서 요즘은 그런 예상치 못한 사건을 흘려보내지 않고 알아차리는 데 집중한다. 익숙한 것을 익숙하게 보지 않으려 하고, 당연한 것을 당연히 받아들이지 않으면 세상은 불현듯 나에게 새로운 기회의 장을 열어주곤 했다.

그 사건(?)도 나에게 의도치 않은 문을 열게 했으며 난 그것을 기회로 받아들였다. 여자라면 가지게 되는 그 기회를 당연하게 받아들이기보다 나의 '터닝포인트'로 삼은 것이다. 그 사건은 바로 '임신과 출산'이었다. 계획되지 않은 임신이기는 했지만, 막상 아이를 낳고 보니 좋은 엄마가 되고 싶어졌다. 좋은 엄마가 무엇일까 고민하다 책을 찾아 들었다.

세상에 대단한 엄마들이 왜 그렇게나 많던지. '끼니마다 유기농 재료에 색다른 메뉴들로 아이들의 건강을 챙기는 엄마, 아이가 원하면 수십 잔 커피를 마셔 가며 밤이 새도록 책을 읽어 주는 엄마, 아이의 옷부터 양말까지 손수 만들어 입히는 엄마' 등 감히 내가 따라 해볼 엄두조차 낼 수 없는 대단한 엄마들이 책 속에는 참 많이도 있었다.

시도해 보기도 전, 책을 읽는 것만으로도 내가 할 수 없는 일임을 본능적으로 알아차렸다. 그들을 흉내 내며 나를 스트레스로 몰고 갈 일들은 과감히 내려놓고 내가 할 수 있는 것들만 취해 나만의 좋은 엄마를 그려 보기로 했다. 좋은 엄마가 되기 위해선 배우고 알아야 할 일들이 너무도 많았다. 죽을 때까지 배워도 다 익히지 못할 것 같았다.

'이렇게 고민만 하느니 지금 당장 할 수 있는 것을 실천하자.'

그렇게 시작된 것이 한국사 공부였다. 학창 시절에도 역사, 세계사에는 관심이 없었고 시험을 위해 어쩔 수 없이 최소한의 시간만 투자해서 공부하곤 했다. 그 모든 기억들은 시험과 동시에 머리에서 증발했다. 그런 내가 아이가 태어나자 새로운 꿈이 생겼다.

나는 아이와 평생 여행을 다니는 여행 파트너가 되고 싶다. 여행을 통해 아이가 작은 한국이 아니라 지구라는 별에서 태어났다 생각했으면 좋겠고, 세상을 무대로 세계를 누비며 사랑을 나눌 수 있는 가슴 따뜻한 사람이 되었으면 하는 바람이다. 세계를 여행하며 세상 모든 곳의 역사적 배경과 사건들을 모두 알려 줄 수는 없겠지만, 최소 국내를 여행할 때만큼은 역사적 사건들을 옛날이야기 하듯 재미있게 들려줄 수 있는 이야기꾼이 되고 싶었다.

하지만 현실은 너무나 달랐다. 당장 통영으로 여행을 가 거북선 앞에 아이를 세워 두면 임진왜란과 이순신이라는 단어 외에는 내가 해줄 수 있는 이야기가 없었다. 그렇게 나의 한국사 공부가 시작되었다.

초등학생의 마음으로, 딸과의 즐거운 이야기 여행을 꿈꾸며 시작한 역사 공부는 단순히 즐거운 여행 그 이상의 가치를 선물했다. 내가 역사를 공부해야만 하는 이유, 책을 읽어야 하는 이유를 타인의 입이나 글이 아닌 내 생각으로 이유를 찾아보는 계기가 되었다. 역사 공부의 시작은 딸과의 여행 때문이었지만 (그 목적 또한 여전히 유효하다) 역사는 누구나 반드시 배우고 익혀야 하는 삶의 기본 학문이다. 나의 삶 속에서 좀처럼 후회라는 단어를 찾아보기 힘든데, 모처럼 후회의 시간이 몰려왔다.

'학창 시절 왜 그렇게 역사를 싫어했을까? 기왕 하는 공부, 제대로 할 걸, 나는 왜 무작정 외워 대기만 했을까? 학창 시절 제대로 역사를 공부했다면 지금의 내 삶이 완전히 달라졌을 텐데….'

짧은 후회의 시간을 뒤로하고 지금이라도 역사를 다시 공부할 수 있게 된 것에 감사하고 있다. 과거를 통해 현재를 배우는 것의 중요성을 알았고, 과거를 통해 현재를 잘 살아갈 수 있음을 알았다. 역사를 공부하기 시작하며 현재와 미래를 바르게 보는 눈도 키워 가는 중이다. 너무도 오랫동안 놓고 있던 부분이라 아직도 공부하고 알아 가야 할 것이 너무나 많다. (역사 공부를 하며 들었던 생각 하나! 크고 작은 사건 사고의 중심에서도 그 시간들을 버티며 대한민국이라는 이름으로 현재까지 존재하고 있고, 게다가 잘 살아나고 있다는 것이 신기할 뿐이다.)

역사는 단순히 과거의 지나간 시간이 아니다. 지금 내가 무엇을 보고 느껴야 하는지를 분명히 가르쳐 주고 있다. 그들의 과거가 오늘을 만들었다면 오늘이 또한 나의 딸이 살아갈 미래를 만들 것이다. 지난 시간 선조들의 삶을 통해 다음 세대를 위해 준비하는 것이 지금, 오늘을 사는 우리의 몫인지도 모른다. 과거를 통해 현재를 잘 살아내는 것, 과거의 삶 속에서 우리가 무엇을 보아야 하고 그들이 만든 결과가 다음 세대인 우리에게 어떤 영향을 끼쳤는지, 우리의 삶이 다음 세대인 내 아이가 살아갈 세상에 어떤 영향을 끼칠지 그 인과관계를 볼 수 있어야 한다.

딸과의 여행을 위해 시작했던 역사 공부는 할수록 더 궁금하게 만들었고 더 정확한 사실들을 통해 객관적인 시각을 갖게 했다. 그동안 드라마나 영화를 통해 얻은 얕은 지식들이 얼마나 위험할 수 있는지도 알게 되었다. 역사라는 '사실'도 사람에 따라 현저히 다르게 해석될 수 있다는 것을 간과하고 있던 나였다(역사를 공부하며 차마 책에 담지 못하는 나의 부끄럽고 얕은 지식들을 참 많이도 발견했다).

너무 돌아 온 이야기 같지만 역사를 공부하며 갈팡질팡하던 내 생각에 중심을 잡은 것이 바로 '결과보다 과정'이라는 사실이다. 입으로는 과정이라고 외쳐 대도 마음 한 구석에선 언제나 '결과'라는 소리가 들려오곤 하던 것이 역사 공부를 시작하고선 머리와 마음이 한 목소리를 내기 시작했다. 결과만 좋으면 된다는 것, 좋은 결과를 얻는다고 하여 잘못된 과정을 변명으로 덮을 수 있는 것이 아니라는 것을 역사를 통해 알게 되었다. 역사는 과정을 무시한 결과는 심각한 문제점을 가진다는 것을 알려 주었다.

침략으로 근대화가 빨라졌다는, 결과만 중시하고 그것을 미화한 일본의 역사 왜곡 문제가 그랬고, 호패법, 직전법을 시행하고 경국대전을 편찬하는 등 남긴 업적은 많지만 후대에 그 업적이 평가 절하되고 있는 세조가 그랬다.

굳이 조선시대와 그 이전의 역사까지 거슬러 올라가지 않더라도 눈에 띄는 업적을 남긴 근 · 현대의 인물들 중 일부가 지금 그 업적을 그대로 인정받을 수 없는 이유는 남겨 놓은 결과가 아니라 그 결과를 만들어 가는 과정 때문이다.

현대사회는 과정을 제쳐 두고 결과를 중시하는 결과주의로 변해 가고 있다. 일의 속도는 빨라졌지만 그만큼 사람의 내면을 살피는 눈은 어두워지고 있다는 뜻이다. 급변하는 세상 속에서 적응하기 위해 노력한다는 핑계로 우리는 쉽게 우리의 마음을 허락한다. 성장의 가속도에 등 떠밀리듯 결과에 집착해 과정의 소중함을 잃고 있는 것이다.

이 사회에 뿌리내리고 있는 왜곡된 결과주의가 올바르게 고쳐지지 않는 이상 사회에 건강한 과정주의는 반드시 필요하다. 아직 세상에 정확한 평가 도구가 마련되지 않았다고 해서 그것을 핑계로 스스로를 부끄럽게 만들지 말자.

이 글을 쓰다 보니 자꾸만 머릿속에서 누군가의 한마디가 맴돌았다. 얼마 전 《어디서나 아버지가》를 쓰신 강주혜 작가님이 딸과 있었던 에피소드라며 들려주신 이야기다.

딸이 학교에서 받아쓰기를 하고 시험지를 받아 왔는데 선생님의 채점 실수로 틀린 문제에 동그라미가 되어 있었다고 한다. 금세 잘못된 부분을 찾아낸 작가님이 딸에게 선생님의 실수를 이야기해 주었는데 딸은 이미 선생님이 해주신 동그라미에 가위표를 하기 싫어했다. 그 가위표 하나로 10점이나 떨어지는 받아쓰기 성적표, 나라도 모른 척 지나가고 싶었을 것 같았다. 이러지도 저러지도 못하고 있는 딸에게 작가님은 말씀하셨다.

"민주야, 고치고 싶지 않으면 고치지 않아도 돼. 그리고 선생님도 이 사실을 모르실 거야."

"근데, 민주야, 너는 알고 있잖니."

언제나 옳은 말 잘하시는 정의로운(?) 작가님, 딸에게도 예외가 없었다. 민주를 알고 있는 난 금세 민주의 표정을 떠올릴 수 있었다.

‘한 번쯤 그냥 눈감아 줄 수도 있지 않을까?’

난감한 표정의 딸을 앞에 두고 또박또박 자기 생각을 이야기하는 작가님의 모습이 떠오르며 사실 그 순간은 ‘냉정하다’ 생각했었다. 하지만 그날 이후 작가님의 그 한마디가 머릿속에서 떠나지 않는다. 나와 적당히 타협하려 할 때마다 작가님의 한마디가 나를 바로 세운다.

어떤 일을 하든 좋은 결과를 만들어 내는 것은 중요하다. 결과가 중요하지 않다는 이야기가 아니다. 좋은 결과를 위해 지나온 과정을 다른 사람들이 인정하고 하지 않고는 두 번째 문제이다. 좋은 결과를 위한 과정을 다른 사람은 몰라도 최소한 나는 안다. 내가 만들어 낸 결과물을 내가 먼저 인정하고 온전히 사랑하기 위해서라도 과정을 더욱 중요하게 생각하는 마음가짐이 필요하다.

좋은 결과를 만들어 내는 것은 중요하다.

좋은 결과를 위해 건강한 과정을 만들어 내는 것은 더 소중하다.

4.
내 자신에 대한 신념과 확신

세상에서 가장 가깝고도 가장 먼 거리, 마음먹기에 따라 눈 한 번 깜짝할 순간에 닿을 수 있는 거리지만 또 어떤 날은 결코 가까워질 수 없는 세상 가장 먼 거리, 그건 아마도 머리에서 가슴까지의 거리가 아닐까? 마음의 소리에 귀 기울이고 머리로 그 소리의 해법을 찾으려 노력하며 머리와 가슴까지의 거리를 조금씩 좁혀 간다면 더없이 좋으련만, 머리로는 알아도 마음이 이해하지 못하는 일은 언제나 있다.

가슴은 내 심장의 소리라며 열심히 신호를 보내지만 현실의 삶은 이성적인 판단을 이유로 그 소리를 듣지 못한 척, 들으려 하지 않는 우리들의 모습 또한 흔히 볼 수 있다. 중요한 일을 앞두고 '선택'을 해야 하는 순간이 오면 머리와 가슴은 약속이나 한 듯 가장 먼 거리를 만들고 제각기 다른 답을 던져 준다.

힘들고 어려운 선택을 해야 하는 순간, 내 머리와 가슴만이라도 온전히 같은 소리를 내어 준다면 용기 내어 행동으로 옮겨 보겠지만 이런 결정적인 순간일수록 머리와 가슴은 신기하게 다른 소리를 낸다. 문제는 그 이유들이 꽤 설득력 있다는 것이다.

문제를 선택하고 결정하는 아주 단순한 과정에서 나를 갈팡질팡하게 만드는 것은 타인의 목소리가 아닌 실패를 두려워하는 또 다른 나이다. 내 마음이고 내 머리인데 온전히 내가 컨트롤하지 못하고 한 목소리를 만들지 못하는 이유는 무엇일까?

내가 어떤 특별한 문제 해결 능력을 가진 것이 아님에도 많은 사람들이 내게 고민을 상담해 온다. 예전엔 다른 사람들의 고민과 문제 앞에서 쉽게 이야기했다.

'마음이 내는 소리는 영혼이 하는 말이다. 마음의 소리를 따르라.'

하지만 '현실'이라는 이름의 삶 앞에 내가 직접 마주해 보고야 알았다. 아무런 준비 없이 마음의 소리만 따르는 것은 자칫 무모한 일이 될 수도 있다는 사실을.

당장 발등에 불을 올려놓은 사람, 지금의 삶이 흔들리고 있는 사람들에게 내가 쉽게 해버린 그 이야기가 그 사람들의 마음을 얼마나 흔들어 괴롭게 했을까? 마음은 간절하지만 현실이 허락지 않는 상황에서 나의 이야기가 얼마나 비현실적으로 느껴졌을까? 현실을 제대로 직면하지 못하고 이론만으로 떠들어 대는, 삶의 길에서 비켜나 있는 대책 없는 이상주의자처럼 보였을 것 같다.

마음에 두려움을 한가득 안고 있는 그들에게 섣불리 '행동하라' 말하기보다 스스로를 제대로 바라볼 수 있게 도와야 했고, 스스로가 외면하고 있는 '내 안의 진짜 나'를 만날 수 있도록 도와야 했다. 그렇게 진짜 나와 마주하여 나를 알게 하고 스스로를 안아 줄 수 있도록 해야 했다. 자신이 얼마나 소중하고 대단한 사람인지를 깨닫게 하여 스스로를 귀하게 여길 수 있는 사람이 되게 하는 것이 먼저였다.

그다음에 '내면의 소리 따르라, 그 소리를 듣고 진짜 내가 원하는 것이 무엇인지 구체적으로 그려 보라' 말했어야 했다. 자신에 대한 신뢰와 확신이 없는 사람들은 자신의 내면에서 어떤 소리를 듣는다 해도 제대로 들릴 리 없다. 뿌리 없는 나무처럼 살랑거리는 봄바람에도 심하게 흔들릴 뿐이다.

자신에 대한 부족한 믿음은 자신이 선택한 결정을 끊임없이 의심하게 만든다. 의심은 이내 불안함과 두려움으로 이어진다. 불안함과 두려움은 내가 가진 에너지를 '내가 내린 결정'을 위해 쓰이지 않게 하고, 의심이 만들어낸, 존재하지도 않는 상상 속의 실패를 피하며 에너지를 소진하게 만든다. 결국 내가 도달하고자 하는 목표를 향해 나아가는 것이 아니라 눈앞에 있는 장애물만을 바라보며 피하듯 나아가게 된다.

나에 대한 확신이 부족할수록 두려움은 커지고 피해야 할 장애물은 많아진다. 많은 장애물을 잘 피해 실패 없이 어딘가에 도착했다고 해서 그곳이 과연 내가 바랐던 목적지일까? 장애물을 피하느라 어디를 지나 왔는지도 모르기에 도착한 그곳이 어디인지조차 모를 수밖에 없다. 장애물을 피하려다 더 큰 장애물을 만든 꼴이다. 스스로에 대한 부족한 믿음, 불안함, 두려움은 이렇듯 반복되는 악순환의 결과를 만들 뿐이다.

사람들은 알고 있다.

초행길을 운전할 때 길을 알려 줄 '내비게이션'이 필요하듯 매일이 처음인 내 삶을 위해서도 길잡이가 되어 줄 정확한 목표가 있어야 하고 그 목표에 내가 중요하게 생각하는 삶의 가치와 비전이 담겨야 한다는 사실을. 만나는 사람들 모두가 이 사실을 알고 있다.

하지만 그저 아는 사람들뿐, 그 길을 마련해 둔 사람을 만나기란 쉽지 않았다. 성공한 사람들을 닮고 싶어 그들의 삶을 좇아 수백, 수천 권의 책을 읽고 상당한 돈과 시간을 들여 강연장을 쫓아다니는, (내가 입도 뗄 수 없을 정도로 똑똑한) 이론적 지식으로 잘 무장된 사람들조차도 그저 지식으로만 간직하고 있을 뿐이었다.

목표, 비전, 가치, 행복, 삶에 더없이 중요하다는 것은 알지만 여전히 '나중에' 움켜쥐어야 할, 미래에 존재하는 단어들이었다. 모두들 중요하다고 말은 하지만 실제의 삶에서는 언제나 우선순위에서 한참이나 뒤로 밀려나 있다. 당장 내 앞에 주어진 '오늘'이라는 과제를 풀어내야 하고, 그 과제에 최선을 다해야 하기에 그런 이상적인 것들은 중요한 오늘 앞에서 잠시 미루어 두어도 되는 일이라 생각하는 것 같았다.

그렇게 매일 주어지는 오늘에 떠밀려 삶의 기준을 세워 두지 않으니 머리와 가슴은 선택이라는 갈림길에서 매번 길을 잃고 방황한다. 언제나 나를 따르라 싸움 중이다. 기준이 없는 문제를 받아 드니 문제의 당사자조차도 누구의 손을 들어야 할지 헷갈린다. 비슷한 문제 앞에서 그날의 내 기분이나 상황에 따라 머리의 손을 들었다 가슴의 손을 들었다 하니 문제를 해결하지 못하고 주위만 빙빙 돌다 제자리로 돌아온다. 그리고 또 그 문제를 풀고 또 풀어댄다.

그렇지 않아도 흔들거리는 내 문제 앞에서 내가 좋아하거나 따르던 사람들의 걱정 어린 한마디가 보태질 때면 그렇지 않아도 헷갈리던 길에 더 많은 대안이 추가된다. 내 안에서 갈팡질팡 흔들리던 기준이 어느새 타인의 시선과 목소리로 넘어간다. '내 영혼의 소리를 들어 마음 따르는 삶'을 위해 시작된 행동이었더라도 내가 만들어 내는 두려움이 이내 확신을 걷어 내며 내 삶의 결정권을 타인의 손에 쥐어 주게 되는 것이다.

머리와 가슴이 한 목소리를 내는 일, 그것은 스스로를 인정하고 사랑하는 일부터 시작되어야 한다. 사랑으로 만들어진 나에 대한 신념과 확신은 멀고 험난한 길일지라도 나를 열정으로 채우고 믿음으로 무던히 밀고 나아가게 한다. 이렇게 채워진 나에 대한 열정과 믿음은 잠시 험난한 길을 만나게 되더라도 그것이 곧 행복으로 나아가기 위한 하나의 작은 여정임을 믿게 한다. 온몸에 힘 가득 주고 이 길을 헤쳐 나가보리라 굳건히 다짐했던, 무겁고 어렵게 느껴졌던 길이 가볍고 즐거운 길로 변해 버리는 순간이 될 것이다.

사람은 미처 자신이 어떤 생각으로, 어떤 가치 기준으로 살아가는지 인지하지 못하더라도 행동을 통해 미루어 짐작할 수 있다고 한다. 사람은 어떤 신념을 가지고 살아가느냐에 따라 나타나는 행동이 다르다. 자신에 대해서 그리고 자신의 삶과 타인에 대해서 긍정적인 신념을 가지고 있는 사람들은 긍정적인 관계를 맺게 되며, 긍정적인 행동을 하는 반면 부정적인 신념을 가지고 있는 사람들은 부정적인 관계를 맺으며, 부정적인 행동을 하게 된다.

긍정적인 신념의 소유자는 자신을 있는 그대로 인정하고 사랑할 줄 알며, 타인을 배려할 줄 안다. 자신의 있는 그대로의 모습을 사랑할 줄 알기에 자신의 삶이 좀 더 나아지길 바라는 마음이 행동으로 이어진다. 하지만 부정적인 신념의 소유자는 자신을 사랑하거나 믿지 않으며, 타인에 대해서도 자신을 공격하는 사람들로 생각하며 경쟁하거나 지배하려 한다. 자신의 삶에 대해서도 책임지려 행동하기보다 운에 기대어 요행을 바라고 변하지 않는 자신의 삶에 세상을 탓한다.

태도는 곧 능력이다.

어떤 선택을 하고 어떠한 태도를 취하느냐에 따라 얻게 되는 결과도 달라진다. 자신이 선택한 것을 끝까지 해내고자 하는 태도를 가진 사람은 자신이 이루고자 하는 것을 만들어 내는 능력을 보이는 반면, 이룰 수 없다는 마음과 도전하지 않는 태도를 보이는 사람은 이루지 못하는 결과만을 만들어 낸다. 자신이 어떠한 태도를 가지느냐에 따라 결과를 어떤 방향으로든 만들어 내는 것이 바로 태도이고 그 사람의 능력이다.

태도로 만들어 내는 나만의 고유한 능력을 통해 나에 대한 신념과 확신을 가져 보자. 있는 그대로의 나를 인정하고 받아들임으로 나에 대한 신념과 확신을 가져 보자. 나에 대한 변함없는 사랑으로 만들어진 신념과 확신은 어떠한 문제 앞에서도 흔들리지 않는 굳건한 나를 마주하게 한다. 나를 믿기에 그저 내가 행복한 길로 나아가기만 하면 된다.

5.
작은 행동으로 얻게 되는 큰 용기

'용기, 씩씩하고 굳센 기운. 또는 사물을 겁내지 아니하는 기개.'

인터넷을 통해 찾아본 용기의 정의이다. 글을 쓰기 시작하며 단어에 대한 정의를 종종 찾아보곤 하는데 인터넷을 통해 찾아본 단어들의 정의는 언제나 허무하고 공허하다. 사실 심하게 부족하다 싶을 만큼 빈약한 느낌이다. 내가 대단하고 장황한 설명을 기대한 것인지 인터넷이 편의상 한자의 단순한 뜻만을 풀어놓은 것인지는 모르겠지만, 단어의 정의들을 찾고 그 설명의 부족함을 느낄 때마다 자주 생각하던 것이 있다.

내 삶의 주인이 되기 위해 해두면 좋을 일, 사소한 행동으로 지속적인 에너지를 얻을 수 있는 일, 그것은 바로 내 삶의 핵심 키워드를 재정의 해보는 것이다. 세상 모든 단어들을 나만의 언어로 재정의 할 수는 없지만 내 삶의 지표가 되어 주는 단어나 글, 내가 중요하게 생각하는 내 삶의 핵심 키워드들은 나만의 언어로 재정의 될 필요가 있다.

사람의 에너지는 1가지에 집중해 그것에 에너지를 쓰고 있으면 집중해 있는 그것만 눈에 띈다. 사람의 주의는 선택적 작용을 한다. '신발을 사야겠다' 생각하는 순간부터 생전 보지 않던 사람들의 발에 눈이 가고, 그 사람들이 신고 있는 신발만 보인다. '가방을 사야겠다' 마음먹으면 지나는 사람들의 가방이 '매직아이'처럼 유난히 선명하고 크게 보인다. 신발이나 가방이 내 눈앞으로 다가오는 것도 아닌데 그것들이 유난히 내 눈에 잘 보이는 것은 의식하지 않은 의식, 나의 관심과 주의가 그것을 향했기 때문이다.

이처럼 내 삶의 핵심 키워드나 내가 좋아하는 단어들은 내가 의식하든 하지 않든 내 삶 속에서 나도 모르는 사이 자주 노출될 수밖에 없다. 내가 애쓰지 않아도 자주 노출되는 단어인데 그 단어에서 좋은 에너지까지 얻을 수 있다면 이처럼 좋은 일이 어디 있겠는가?

내 경험으로 미루어 보건대 내가 좋아하는 단어나 내 삶의 핵심 키워드들이 나만의 언어로 재정의 되어 있다면 그 단어들은 재정의 된 그 순간부터 선택적 주의를 기울이게 된다. 애쓰지 않아도 삶 속에서 유난히 내 눈에 자주 띄거나 들리는 경험을 하게 될 것이다. 무심히 지나쳤던 길가의 간판이나 홍보 전단에서 또는 TV광고와 책 속에서, 또 어떤 날은 지나다니는 사람들의 의미 없는 대화 속에서. 내가 강하게 의미를 부여한 단어라면 책이나 신문 등 긴 지문 속에서 (그 단어가 없음에도 불구하고) 글자가 하나씩 떠올라 단어가 재조합되는 경험을 한 적도 있다.

이렇게 우연히 만나게 되는 단어라 할지라도 내가 특별함을 부여해 재정의 해놓았기 때문에 말이나 글로 다시 만날 때면 그 단어를 보는 것만으로 스스로를 긍정적인 기운으로 환기하게 된다. 또한 그 단어를 보고 들을 때마다 기분 좋은 에너지를 얻는다. 나에게는 '용기'라는 단어가 그렇다. 아주 어린 시절부터 들어왔던 용기가 지금 나에게 특별해진 이유는 아주 작은 행동에서 시작되었다.

나는 사람들과 이야기 나누기를 좋아한다. 조금 더 솔직히 이야기하자면 이야기를 나누는 것도 좋지만 그들에게 내 생각을 전해 공감하고 설득하는 것을 좋아했던 것 같다. 나의 말에 누군가의 삶이 더 나은 방향으로 변해 가는 모습을 볼 때면 더없이 흐뭇했다. 누군가에게는 삶에 좋은 '터닝포인트'가 될 수도 있을 거라 생각했다. 지루한 삶에 마중물이 되어 즐거운 삶을 마주하는 사람이 있다면 이보다 더 좋은 일이 어디 있을까?

큰 의미 없이 했던 말과 행동을 자극으로 받아들이는 사람들을 만나며 '선한 행동'이라는 나만의 당위성을 만들어 버렸다. 그리고 이내 내 목소리에는 조금씩 힘이 들어갔다. 애초의 선한 목적은 조금씩 희미해지고 누군가를 변화시키려는 (나만의 선한) 목적으로 말을 하고 있는 나를 발견했다. 더 나은 삶을 격려하고 응원하기 위한 말이 아닌 말 잘하는 나를 위해 나는 쓸데없는 말들을 참 많이도 쏟아냈다.

학창 시절 내가 참았던 말에 복리이자가 붙었나 보다. 산소 같은 존재로 말없이 지낸 학창 시절을 스스로 보상하기라도 하듯 성인이 된 이후로는 끊임없이 말을 하고 또 해댔다. (하지만 누군가에게는 그것 또한 좋은 자극이 되었음을 안다. 제법 말 잘하는, 그럴듯한 나의 이야기들은 대부분 책에서 인용된, 변화를 경험한 사람들의 이야기였기에 그 이야기를 가감 없이 받아들일 수 있는 사람들은 이야기의 전달만으로도 자신의 삶의 자극으로 인지하고 기꺼이 변화하기를 원했다.)

말을 많이 하니 말을 적게 하는 사람보다 공감할 말을 할 확률이 높았던 것일까? 어딜 가도 말 잘한다는 소리를 듣는 편이었고 어떤 모임을 가도 (의도치 않았음에도) 그 모임의 운영자나 리더가 되어 있는 경우가 많았다. 이제 와 돌이켜 보니 내가 '(리더나 운영자 등) 한자리 하고 싶어 한다' 짐작했던 사람들이 말하기 좋아하는 나를 위해 배려해 주신 것이었다.

말만 많았던 시절을 보내다 얻게 된 나만의 시간, '육아 휴직' 기간 동안 배우고 만난 분들을 통해 알았다. 내가 쓸데없는 말들을 얼마나 많이도 떠들고 다녔는지. 말하지 않아도 될 사람들에게까지 목적이 선하다는 이유로 참 많이도 떠들어 댔다. 아이 하나 키워 보지 않은 내가 육아 중인 엄마들을 대상으로 육아에 관해 코칭을 하는 등 지금 생각하면 내가 생각해도 어이없는 상황들을 내가 만들었고 그 자리에서 참 많이도 떠들었다.

진짜 말하기의 고수는 말을 많이 하지 않는다. 질문으로 돌려 더 깊이 생각해 보게 하거나 단 한마디의 말로 모든 상황을 이해하고 설명하고 납득시킨다. '사유'의 고수들이고 '사색'의 고수들이다. 심플한 삶을 추구한다는 핑계로 '사유'하지 않았던, 말의 양만 많았던 지나온 내 시간들을 돌아보게 되었다. 그리고 나는 말의 양을 줄여 나가기 시작했다(말의 절대 양이 많았던 나이기에 여전히 나는 다른 사람들에 비해서 말이 많은 편이다).

하지만 이전과 달라진 점은 사람들에 관해 옳고 그름, 좋고 나쁨에 대해 판단하지 않는다는 점이다. 있는 그대로의 사람들을 보기 시작했다. 존재 자체로 충분히 아름답고 귀한 사람 그대로의 모습. 예전엔 부족한 모습, 모자란 모습이 보이면 채워 주고 싶고 변화시켜 주고 싶다 생각했다. 하지만 그 '부족하다', '모자라다'라는 생각 자체가 내 기준으로 재단한 무지의 판단이었음을 알았다.

그렇게 사람 자체의 귀함과 아름다움을 알게 된 후론 독서모임, 강연모임, 각종 스터디, 강의, 강연들에서 기쁜 맘으로 흔쾌히 청중이 될 수 있었다(이전엔 기회만 있다면 먼저 말을 하는 사람이었다). 그렇게 진짜 청중이 되고서야 알았다. 잘 듣는 것이 말을 잘하는 것보다 더 많은 이야기를 하는 것과 같은 결과를 낳을 수도 있음을. '들음'으로 더 넓고 깊게 보고 배울 수 있음을. 나의 말을 통해 그 분위기를 내 주도권으로 끌고 오지 않아도 충분히 나의 의견이 전달될 수 있음을.

그렇게 나는 듣는 즐거움을 알게 되었다. 편협한 생각에 갇히지 않고 다양한 생각을 나눌 수 있고 들을 수 있다는 것이 얼마나 행복한 일인지도 알게 되었고 생각에 좋고 나쁨은 나의 생각일 뿐이라는 것도 알게 되었다.

어느새 나는 일과 관련된 강의나 수업을 제외하고는

나의 판단이 들어가는 '생각을 전하는 말하기'를 극단적으로 줄이고 있었다.

내가 하는 모임에서 작가님을 모셔 '저자 강연'을 하는 날이었다. 강연자가 어떤 사람인지 제대로 알지도 못한 채 참석한 강연이었다. 그 강연을 주관한 모임에 대한 믿음이 있었고, 그 강연에 참석할 사람들을 좋아했기에 그것만으로 강연에 참석할 이유는 충분했다. 나는 그저 만나면 기분 좋아지는 사람들을 만나러 갔다.

아무 생각 없이 참석했던 그 강연장에서 내 심장이 왜 그렇게 심하게 요동쳤는지 아직도 모르겠다. 2시간 30분이란 시간을 무언가에 홀린 것처럼 강연을 들었다. 돌이켜 보면 강의의 주제가 특별하지도 않았다. 꿈과 비전에 관한 강의였고 그 내용은 이전 다른 강연과 책들로 여러 번 보고 들은, 이미 내가 다 아는 내용들이었다. 기존의 강의와 완전히 다른, 새로운 형태의 강의도 아니었다. 평범한 듯했지만 결코 평범하지 않은 비범한 강사의 강의를 들으며 내 심장은 나도 모르는 사이 미친 듯이 뛰고 있었다. 격한 가슴 떨림이 어느새 손끝까지 이어져 온몸이 파르르 떨리고 있었다. 피가 온몸을 빠르게 돌고 있는 것이 느껴질 정도였다.

꿈과 비전에 관한 많은 책과 강의를 듣고 보며 언제나 표현할 수 없는, 왠지 모를 아쉬움을 느끼던 나였다. 1,000피스의 퍼즐을 몇 시간 동안 열심히 맞추었는데 다 맞추고 보니 몇 조각이 없는 느낌 같다고 해야 할까? 잃어버린 몇 조각의 퍼즐 때문에 내가 가지고 있는 990개 이상의 퍼즐은 쓸모가 없어진다. 열심히 맞추다 없어진 퍼즐 조각을 알아차리는 순간 밀려드는 허무함과 아쉬움이란 퍼즐을 맞추어 보지 않은 사람은 알 수 없다.

책과 강의들을 통해 그런 허전함을 느끼던 나에게 그날의 강의는 잃어버린 몇 조각의 퍼즐을 찾아낸 것 같은 기분이었다. 특별할 것 없는 이야기를 특별하게 전하며 사람들에게 울림을 주는 것이 그 강사의 특별함이었나 보다. 강사의 말에 푹 빠져 2시간 30분을 보냈다.

보통의 '저자 강연'이라면 강의 후 저자 사인회로 끝이 날 테지만 강연을 준비했던 그 모임만의 특별한 순서, 강연에 대한 참석자들의 소감 발표 시간이 있었다. 강연장에 참석했던 많은 사람들이 나와 비슷한 감정을 느낀 것 같았다. 그들이 전하는 이야기를 통해 그들의 가슴 떨림과 '나는 무엇이든 할 수 있다'는 열정이 고스란히 전해지고 있었다.

그렇게 한 사람 한 사람 후기를 듣고 있자니 내 심장

이 더 심하게 떨려 왔다. 그때의 나는 '잘 듣기' 위해 노력하고 있었기 때문에 사람들 앞에 나서서 말하기를 의도적으로 줄이고 있었다. 내가 이야기를 해야 하는 자리라도 한사코 거부하던 나였다. 어쩔 수 없이 꼭 이야기를 해야 하는 자리라면 최소한의 말만 남기고 빠르게 그 자리를 피하던 나였다.

하지만 그날, 그 강연장에서만큼은 달랐다. 나의 에너지와 함께하는 사람들의 열정이 더해지며 무슨 말이든 그 자리에서 꼭 해야 할 것만 같았다. 사람들 앞에서 말하는 것이 어렵지 않은 나였지만 이날은 떨리는 심장 때문에 무슨 말을 해야 할지 도통 떠오르지 않았다.

그렇게 시간이 흐르고 사회자의 멘트에서 마무리 시간이 다가오고 있음을 알아챘다. 머릿속은 하얗게 비어 버렸지만 무슨 말이든 해야 잠을 잘 수 있을 것 같았다. 순간의 간절함이 손을 번쩍 들게 했다. 그 자리에 서서 해도 될 이야기를 굳이 앞으로 나가 강연자의 마이크를 뺏어 들었다. 그리고 그 자리에서 말했다. '대한민국 1호 용기부여가'가 되겠노라고.

무슨 생각으로, 어떤 마음가짐으로 뱉은 말인지 아직도 잘 모르겠다. 막연했던 꿈, 지갑 속에 꽁꽁 숨겨 두었던 꿈들을 꺼내어 그동안의 걸어온 나만의 꿈길을 이야기하다 그냥 뱉어 버린 말이었다. 주절주절 나의 이야기들을 하고 나니 그것으로 후련했다. 다음은 없었다. 그저 그렇게 나의 간절함과 아쉬움을 풀어냈기에 그걸로 만족한 나였다.

다음 날, '띠링 띠링' 핸드폰이 울려 댔다. '페이스북'의 알림음이었다. SNS를 거의 하지 않는 나이기에 내 폰에선 좀처럼 듣기 힘든 소리였다. 핸드폰을 열어 본 나는 깜짝 놀라지 않을 수 없었다.

"대한민국 제1호 용기부여가 소리울림 박혜정 강사님, 멋진 브랜드 네임 오래오래 기억하겠습니다. 대한민국 1%의 1인 지식기업 전문가로 즐겁게 도전하고 멋지게 성장해 봐요. 파이팅!"

어제의 뜨거웠던 강연은 언제나 어제로 끝이 나던 나였다. 유쾌한 강의도, 감동적인 강의도 그날 하루 충분히 그 행복을 느끼다가 자고 일어나면 언제 그랬냐는 듯 스스로를 리셋 시키던 사람이 나였다. 책이나 강연을 통한 감동의 유효기간은 언제나 딱 하루.

그런데 그 유효기간이 끝난 시간에 나도 모르는 사이 나는 세상에 '용기부여가'로 선포되어 있었다. 그것도 수천의 SNS 친구를 가지고 수만의 독자가 있으며 대한민국에서 명강사로 이름을 날리는《꿈이 없는 놈, 꿈만 꾸는 놈, 꿈을 이루는 놈》의 저자 정진일 대표에 의해서.

이날 이후 나의 삶은 변하기 시작했다. 사람들은 '용기'라는 단어를 보면 나부터 떠오른다고 말을 한다. 나도 어디에서나 '용기'라는 글자를 발견한다. 그리고 그 단어를 보며 엄청난 에너지를 얻고 있다. '용기부여가'로서의 삶을 생각하다 보니 사람들이 하는 사소한 이야기에서도 힌트를 얻게 된다. 그리고 그 힌트를 통해 그들과 함께할 수 있는 프로그램들을 만들어 시도해 보기도 한다.

생각만 하던 것들을 행동으로 옮겨 내는 것이 잘 되지 않았는데 이제는 먼저 행동으로 옮겨 본다. 하나둘 시도하고 실행하며 또 무언가를 얻고 배운다. 준비되지 않은 내 모습이 부끄러워 혼자서, 속으로만 해오던 말을 입 밖으로 내뱉기 시작하며 나의 삶은 더 즐겁고 아름답게 변하기 시작했다. 이제는 혼자만의 삶이 아닌 함께하는 삶이기에 더욱 행복하다.

이제 나는 나를 소개하는 자리에서 당당하게 말한다.

"안녕하세요? 저는 대한민국 1호 용기부여가 소리울림 박혜정입니다."

Action

나만의 선언문 만들기: 모닝 선언문 & 비전 선언문

아침마다 읽으며 나를 긍정과 열정의 에너지로 채울 수 있는 '모닝 선언문'을 만들어 본다. 내 삶의 가치나 비전을 담을 수 있는 '비전 선언문'도 함께 만들어 본다.

직접 만든 선언문을 크게 쓰고 가장 잘 보이는 곳에 붙인다. 기상 후 큰 소리로 읽고 하루를 시작해 본다. 자신의 손으로 쓴 글을 마음으로 음미하며 소리 내어 선언문을 읽는 것만으로 삶이 달라진다.(선언문을 어떻게 만들어야 할지 모르겠다면 내 마음을 울렸던 좋은 문구들을 옮겨 쓰는 것부터 시작한다. 단 한 줄이어도 좋다. 조금씩 수정하면서 나만의 '선언문'을 천천히 완성해 본다.)

삶의 기적은 사소한 행동의 변화에서 시작된다.

*** 참고자료**

내가 처음 만들었던 모닝 선언문과 비전 선언문이다. 나는 두 선언문을 플래카드로 제작하여 거실 벽에 붙여 두었다. 매일 아침 이 두 선언문을 큰 소리로 읽는 것으로 하루를 시작하며 핸드폰이나 책상, 컴퓨터 등에 저장하고 붙여 두어 일상에서 이 글귀들에 노출이 되도록 하고 있다. 무언가 판단하거나 선택해야 하는 순간에 읽으면 결정이 쉬워진다.

모닝 선언문

나는 대한민국 1호 용기부여가 소리울림 박혜정이다.

1. 내가 꿈을 이루면 나는 다른 사람의 꿈이 된다.
2. 나는 나의 오늘에 최선을 다할 것을 다짐한다. 그것이 남은 내 삶에 대한 최소한의 예의이다.
3. 작은 일을 하찮게 여기는 사람은 '성공'할 수 없다. 크고 작은 일도 나누고 쪼개면 작은 일이 된다.
   작은 일에 꾸준함을 더할 때 비로소 위대한 일이 된다. 나는 그것을 '성공'이라 부른다.
4. 하나를 잘하는 사람은 다른 일도 잘한다. 그것은 그 사람의 능력 때문이 아니라 태도 때문이다.
5. 탁월한 사람이라서 올바르게 행동하는 것이 아니라 올바르게 행동하기 때문에 탁월한 사람이 되는 것이다. 내가 반복적으로 하는 행동, 그것이 바로 '나'이다. 즉, 탁월함은 행동이 아니라 습관이다.
6. 행복은 즐거움과 의미가 만나는 곳에 있다.
7. 실패는 없다. 경험과 피드백이 있을 뿐이다. Do it now!

나는 나의 오늘로 여행을 떠난다.

Action

비전 선언문

나는 내가 전하는 이야기에 감동받을 누군가가 있다고 믿는다.
나는 사람들을 행복하게 만드는 힘이 있다는 사실을 믿는다.
나는 나의 존재와 사고방식이 이 세상을 좋은 쪽으로 변화시킬 것이라 믿는다.

작은 일로 성공의 기회를 열어 용기를 부여하는 사람!
사람은 모두가 귀한 존재임을 세상에 알리는 사람!
사람들의 마음속에 작은 바람을 일으켜 다시 일어서게 하는 사람!

나만의 '선언문' 만들기 Start

모닝 선언문

Action

Action

비전 선언문

III

나도 한때는 '찌질이'였다

1.
가치 있는 소비?

사람들은 나에게 말한다. 참 열심히 산다고. 부지런하다고. 부끄러운 고백이지만 지금껏 나는 열심히 살아 본 적이 없다. 부지런과는 더더욱 거리가 먼 사람이다. 그래서 나는 언제나 '열심', '최선', '노력'이라는 단어 앞에서 한없이 작아지곤 한다. 그런 나에게 사람들이 종종 묻곤 했다.

"그렇게 매일 에너지 가득 채워 열심히 살 수 있는 비결이 뭐야?"

지금 생각해 보면 스스로를 돌아보며 '부끄럽다' 생각했어야 할 질문에 나는 언제나 뻔뻔스럽게 답을 하곤 했다. '열심히 살아 본 적 없고 끈질긴 노력을 통해 무언가를 얻어 본 적 없다'라고 말해야 마땅한 내가 책을 통해 배웠던 타인의 삶이 마치 나의 삶인 듯 '서당 개'처럼 풍월을 읊어 대고 있었다. 머리만 채워 놓은 지식으로 누군가의 삶을 충고하고 간섭했다.

나의 지난 시간을 돌이켜 보면 나는 쉼 없는 소비를 선택했을 뿐이다. 사회생활을 시작하며 꼬박꼬박 들어오는 월급을 다른 사람들보다 좀 더 적극적으로 소비했다. 그 신나던 소비가 '피곤함도 모르고 언제나 무언가를 열심히 하는 나'의 이미지로 만들었다. 눈을 감고 잠깐 나의 지난 시간을 돌려 보았을 뿐인데 많은 일들이 스쳐 간다.

운동, 강연, 영화, 공연, 독서, 여행 등 나의 지난 시간 속엔 많은 추억이 있다. 사람들 속에 있을 때 가장 행복했던 나는 야구, 축구, 볼링, 댄스, 스노보드, 수영 등 사람들과 함께 할 수 있는 운동은 장르를 불문하고 좋아했다.

온전히 나를 위한 투자라 믿었던 강연 청강은 거리나 시간에 구애받지 않고 쉽게 타 지역까지 넘나들곤 하던 나였다. 또 영화는 어찌나 많이 봤던지 수년간 극장의 VVIP였고, '혼밥', '혼영'이라는 단어가 없던 십수 년 전부터 나는 혼자 밥 먹고 영화 보기를 즐겨 했다. 이른 아침 당당히 혼자서 조조영화를 볼 수 있는 나는 멋을 아는 여자라 생각했다.

거기에 콘서트와 연극은 물론이고 그때 당시 흔치 않았던 뮤지컬에 오페라까지 문화 공연 역시 참 열심히도 쫓아 찾아 다녔다. 그때 난 다른 사람들보다 훨씬 알차고 재미있게 살고 있다는 증거를 남기듯 영화와 각종 공연의 티켓을 차곡차곡 모았다. 텅 비었던 상자가 그 작은 종이들로 하나둘 채워지다 묵직함이 느껴질 때쯤엔 나도 모를 희열을 느껴 보기도 했다. 그렇게 습관처럼 상자를 채우다 상자 채우기의 재미에 빠져 버렸던 나, 주객이 전도되어 티켓 모으기를 위해 영화를 보는 날도 있었다. 그렇게 무게를 더해 가는 상자가 또 하나의 자산이라 믿었다.

또 하나의 취미(?) 생활 책 읽기는 나의 사회생활의 경력과 같다. 일을 시작하며 소득이 생기니 가치 있게 소비할 방법부터 찾았던 나였다. 좀 멋지게 소비할 수 있는 일은 뭐가 있을까 고민하다 시작된 것이 책 사기였다. 책 사기로 집 안 여기저기에 책이 쌓이기 시작하니 읽기 쉬운 것들부터 읽어 내며 재미를 알아 버린 다소 어처구니없게 시작된 나의 책 읽기.

책을 구매하는 것에는 규칙도 방법도 없었다. 월급날 점심시간이면 빠르게 점심을 먹고 자리에 앉아 인터넷 서점에 접속을 했다. 이때부터 1시간가량 인터넷 서점 쇼핑이 시작된다. 책을 구매하기 위한 도서 목록도 따로 없었다. 그저 마우스로 여기저기 손끝 닿는 대로 클릭하다 표지나 제목이 끌리면 장바구니로 넣기 일쑤였다. 그런데 이렇게 마음 가는 대로 무작정 하는 '책 고르기'조차 쉽지 않았다. 원래부터 책을 읽고 좋아하던 내가 아니었기 때문이다.

한참이나 뒤적여도 책이 골라지지 않는 날이면 단순무식 논리가 펼쳐진다. '좋은 책이니 많이 읽혔겠지'라며 베스트셀러 코너로 접속한다. 1위부터 차례로 내려가며 읽지 못할 것 같은 난해한 책이나 학생들을 위한 학습도서, 육아서 등 나름의 이유로 이것저것 골라내고 나면 보통 20위권 안에서 몇 권의 책들을 고를 수 있었다.

그렇게 나는 매달 책을 구매했고 조금은 어이없는 이유와 방법으로 나의 책 읽기가 시작되었다. 생각 없이 구매했던 책들을 읽어 가며 한 줄기 빛과 한 구절을 발견한 날이 있었다. 정확한 내용이 기억나지는 않지만 대략의 내용은 월급의 10%를 본인의 성장을 위해 투자하면 성공할 수 있다는 내용이었다.

책을 소비하는 것 자체는 의미 있지만 사들이는 만큼 읽어 내지 못하는 나의 독서력 앞에서 '책을 계속 구매해야 하나?' 잠시 고민하던 차에 만난, 아주 사소했던 그 한 줄이 책을 계속해서 사들이는 계기가 되어 버렸다.

'언젠가는 읽겠지. 일단 책 사는 것이라도 습관으로 굳혀 보자. 성공의 비결이라는데….'

당시 수영학원과 영어학원도 다니고 있었고, 다양한 강연들도 쫓아다니며 나름의 자기계발을 하던 차였기에 책 구매 비용은 월급의 5%로 결정했다. 솔직히 말하면 비용의 문제가 아니었다. 약 십여 권의 책들. 아무리 쉬운 책들만 골라 읽는다 하더라도 다 읽어 낼 자신이 없었다. 스스로를 이해시키기 위한 빈약한 논리일 뿐이었다.

멋지게 소비하기를 통해 시작된 책 사들이기는 몇 달간 '순간'의 행복을 선물했다. 십여 권의 책이 꽤 묵직했음에도 그것을 굳이 집이 아닌 회사로 배달시켰다. 회사에서 포장을 뜯어내고 내 자리 바로 뒤에 있던 책장에 새 책이 꽂힐 때면 나도 모를 묘한 희열을 느꼈다. '다 읽은 책만 집으로 옮겨 놓겠다'라는 나의 의지를 담은 행동이었지만 한편으로는 유일하게 책을 사고 읽는 나를 신기하게 쳐다보는 직장 동료들의 시선을 즐겼던 것이다. 책 한 권 읽지 않는 사람에게 책 읽는 사람은 특별해 보인다.

다른 사람에게 그렇게 보이냐고 물어볼 필요가 없었다. 내가 책 읽는 사람들을 그렇게 바라보고 있었다. 평소에 쓰는 어휘도 남달라 보이고 같은 말이라도 평소 책을 읽는 사람이 하면 유난히 설득력 있게 들리곤 했다. 단지 책을 읽고 있다는 이유 하나로. 그런 이유로 동료들의 속내는 알지도 못하면서 혼자 묘한 자아도취에 빠져 있었다.

'매달 많은 책을 사고 읽는 내 모습이 제법 멋있어 보이겠지?'

그렇게 습관처럼 사들인 책이 어느새 또 다른 행복을 알려 주었다. 집과 회사의 텅 비었던 책장이 조금씩 나의 책으로 채워지니 그 책장을 채우는 재미가 쏠쏠했다. 네모 반듯 크기별로 예쁘게 줄 세워진 모습이 어떤 그림보다 더 예뻤고 책장의 빈 곳을 보니 빨리 책으로 그곳을 채우고 싶다는 생각이 들 뿐이었다. 그렇게 또 책을 사들였다.

그런데 책장을 채워 가는 재미도 잠시, 책장이 채워져 갈수록 다양하지 않은 장르에 대한 아쉬움이 커져 갔다. 그때 내 책장에는 소설과 수필, 자기계발서 등 비교적 읽기 수월한 책들이 자리를 잡고 있었다. 책이 쌓이는 만큼 커져만 가던 아쉬움을 나는 해결해야 했다.

혼자 읽을 수는 없는 책을 사기 위해, 그럴듯한 책을 꽂아 두기 위해, 나는 또 그렇게 어이없는 이유로 독서모임을 시작했다. 혼자 읽으면 이해할 수 없는 내용들이 독서모임을 통해 제법 쉽게 읽힘을 알게 되면서 독서모임의 매력에도 조금씩 빠져들었다. 그렇게 의미 없이 시작했던 독서모임이 10년을 훌쩍 넘어가고 있다.

그 시절의 나는 독서모임 외에도 여러 스터디를 했을 뿐 아니라 여행도 많이 다녔다. 책 사기와 함께 만들어진 여행에 대한 경쟁자 없는 경쟁적인 신념. '1년에 한 번은 외국에 꼭 간다'라는 이유 없는 나만의 여행 신념을 가진 채 국내외를 가리지 않고 다니기도 했다. 어디를 다녀왔냐고 하면 손가락으로 다 꼽을 수 없을 만큼 많은 곳을 다녀왔지만 그곳을 설명해 달라고 하면 친절했던 가이드의 얼굴이 먼저 떠오르고, 누구나 알 만한 유명 관광지와 특산품 외에 다녀온 경험자로서 특별히 해줄 수 있는 이야기들이 별로 없는 것이 사실이다. 그냥 그곳들을 다녀온 기록과 기억이 남았을 뿐이다.

지난 기억 속에 나는 다른 사람들보다 확연히 많은 다른 취미 생활들도 있었다. 이렇게 두서없이 기억의 일부를 글로 옮겨 놓고 보고서야 알았다. 사람들이 왜 나에게 '열심히', '최선을 다해' 산다 말하는지. 그저 회사를 다니고 가끔 친구를 만나며 평범한 일상을 보내는 사람들의 눈에 나는 충분히 바쁘고 열심히 산 것처럼 보였을 것이다.

하지만 돌이켜 보건대 난 그저 내 마음이 뿌듯해질 소비를 했을 뿐이다. 진짜 가치 있고 멋진 소비가 아닌, 가치 있어 보이고 멋있어 보이는 행위를 위한 소비였다. 다른 친구들이 옷과 가방을 사고 미용실과 마사지 숍을 다니며 월급을 소진할 때 나는 책을 '샀고' 관광상품권을 '샀으며', 다양한 티켓을 '샀을 뿐'이다. 나는 내가 책을 읽고, 여행을 다니며 제대로 된 문화생활을 하고 있다 믿었다. 건전하고 바람직한 소비를 통해 다른 사람들보다 조금 더 나은 삶을 살고 있다고 조금씩 더 나은 사람이 되고 있다며 스스로 만족했을 뿐이었다.

지나가 버린 시간의 아쉬움, 공중에 뿌려진 돈에 대한 아쉬움이 생겨나는 건 어쩔 수 없는 솔직한 마음이다. 고스란히 잘 모았다면 집 한 채를 사고도 남았을 비용이다. 하지만 가치 있는 소비라 믿은 덕에 어이없게 시작된 책 읽기가 지금은 습관으로 남아 있고, 집 안 가득 채운 손때 묻은 제법 멋진 책들이 내 곁에 남아 있으니 그것으로 위안을 얻어 본다. 진짜 내 자산, 많은 경험이 내 몸 어딘가 남아 있을 테니 지금의 나는 그것으로 씁쓸한 만족을 해본다.

2.
책만 보는 바보

학창 시절부터 들어오고 보아 오던 책 읽기의 중요성은 내 머리에 하나도 남아 있지 않았다. 수학과 과학처럼 책을 읽어야 하는 이유 역시 그저 나에겐 하나의 학문과 논리였다. 교과서와 전공서적을 제외한 책들은 언제나 내 곁에서 멀리 있었다.

첫 직장을 다닐 때도 상황은 크게 다르지 않았다. 첫 직장은 위탁 급식업체로 회사에 파견을 나가 식당의 전반을 관리하는 영양사 업무를 수행하는 곳이었다. 파견 근무였기에 나를 지켜보거나 관리하던 상사도 없었고 사무실도 혼자 쓸 수 있었다. 시간과 공간이 온전히 나만을 위해 존재하던 시절이다. 게다가 일도 많지 않은 편이라 오전 시간에 마음먹고 부지런을 떨면 오후 시간의 대부분을 내 마음대로 활용할 수 있었다. 점심시간 후 꼭 해야만 하는 간단한 서류 업무를 제외하면 퇴근 시간까지 자유에 가까웠던, 지금 생각하면 신이 내린 직장이었다.

지금이라면 책 읽기 딱 좋은 시간이라며 일일 일독에 도전해 볼 것 같지만 그때의 난 나에게 주어진 많은 시간을 컴퓨터와 전화에 온통 투자했다. 가끔 채팅창을 통해 친구들과 수다를 떨기도 했고 가끔은 바깥 구경도 다녔으며 심지어 늘어지게 낮잠을 자는 날도 있었다. 여유라는 것이 차고 넘쳤던 그 시간에 지겨워서라도 책 한 번쯤 펴 볼 것도 같은데 내 인생에, 내 인연에 책은 없다는 듯 아주 작은 관심조차 허락하지 않았다.

생계를 해결하는 것이 부모님의 평생 숙제인 것 같던 어린 시절부터 대학을 졸업하고 첫 직장을 다닐 때까지 나는 경제적인 여유를 가져 본 적이 없다. 용돈은 언제나 부족했고 첫 직장을 다니며 받은 월급 역시 부족했다.

첫 직장의 월급에 맞추어 생활을 하다 갑작스레 이직한 두 번째 직장에서 월급의 여유가 생기기 시작했다. 적당히 쓰고 필요한 것들을 샀는데도 월급이 남았다. 남은 돈을 보며 이것을 어떻게 하면 더 잘 쓸 수 있을까 고민하다 말도 안 되는 '가치 있는 소비'에까지 생각이 미쳤던 것이다.

지금 생각하면 부끄러움을 넘어 낯이 뜨거울 정도다. 멋이라는 것을 하나도 모르던 학창 시절 '난 이제 어른'이라며 옷으로, 화장으로 어른 흉내를 내는 중학생 같은 느낌이라고 해야 할까? 멋이 무언지도 모르면서 멋있게 보이고 싶다는 생각에 가치 있는 소비까지 생각하게 되었고, 말도 안 되는 '멋 좇기' 덕에 '책을 사는 것이 가치 있는 소비'라는 개똥철학을 만들어 냈다.

부끄럽고 낯이 뜨거워져도 감사해야 할 것은 그 개똥철학 덕분에 나의 책 사들이기가 시작되었다는 점이다. 그렇게 사들인 책 덕분에 자연스럽게 책 읽기로 이어졌으니 그 개똥철학도 지금의 나에겐 커다란 '터닝포인트'가 된 셈이다.

월급을 받으면 습관처럼 책을 사들이기 시작한 것이 올해로 13년째이다. 이제는 어느 정도 책 사들이기에 속도 조절이 가능해졌다. (조절이 어느 정도 가능해진 것이지 완벽하지는 않다. 아직도 난해해 보이는 책들에 욕심을 내며 무엇에 홀린 듯 책을 질러 버리는 날이 있으니까.)

첫 월급날부터 10년에 가까운 시간 동안은 맹목적이

다 싶을 만큼 '월급날=책 사는 날'을 지켰다. 이 정도 책을 사들였으면 삶에 대단한 변화가 있었을 법도 한데 책을 사기 시작한 10년 전과 맹목적이었던 10년 후의 삶은 시간에 비해 큰 변화가 일어나지 않았다.

가장 크게 달라진 것 하나를 꼽으라면 책을 사는 것만으로도 충분히 뿌듯했던 초반과는 달리 책을 읽기 시작했다는 점이다. 처음에는 여기저기 책이 쌓이고 책장 가득 책이 꽂히는 것만으로도 충분히 흐뭇했는데 쌓이는 책이 많아질수록 그것을 읽어야 한다는 생각이 강해졌다. 그러다 집어 든 몇 권의 소설을 재미있게 읽었다. 어떤 내용이었는지는 정확히 기억나지 않지만 제목만큼은 선명히 기억하고 있고, 첫 페이지를 시작해서 마지막 장을 덮을 때까지 한 자리에서 한 호흡으로 읽어 냈으니 나에겐 책에 대한 새로운 세상이 열린 날이다.

'아, 이래서 사람들이 책을 읽는구나.'

책 한 권을 제대로 읽어 보지 못한 나에게 책 한 권을 온전히 읽어 내는 것은 공부와는 담을 쌓은 학생이 '수학의 정석'을 처음부터 끝까지 풀어내는 것과 비슷한 일이었다. 집합으로 시작해 책의 절반도 풀지 못하고 언제나 다시 덮어 버렸던, 다시 시작해도 또 집합이고, 집합을 넘어가면 몇 장 넘기지 못하고 다시 덮게 되는, 나는 끝내 풀지 못했던 수학 교과서의 단짝《수학의 정석》과 같은 것이 나에겐 바로 책이었다.

보통 한 권의 책은 하얀 종이 위에 그림이나 별다른 여백 없이 까만 글씨로 빽빽이 채워져 있다. 수능 준비를 하며 읽었던 언어영역의 짧은 지문도 쉽지 않았던 나에게 수십 장도 아닌 수백 장의 글이 묶인 책을 읽는다는 것은 실로 대단한 일이었다. 그래서 나에게 책을 읽는 사람은 특별하게 느껴졌고, 그들은 대단한 인내와 노력을 하는 사람일 거라 생각했다. 지겨움과 피곤함도 이겨 내며 끝내 목표한 바를 해내고 마는 전교 1등의 모범생 같은 이미지였다. 책 읽기에 대한 두려움이 그렇게나 컸던 내가 반나절도 되지 않는 시간 동안 소설책 한 권을 뚝딱 읽고 보니 책 읽는 것이 별것 아니라는 생각이 들었다. 그렇게 쌓아 놓은 책들을 읽기 시작했다.

별 생각 없이 읽기 시작한 책이 처음에는 재미있었다. 주로 소설이나 수필, 베스트셀러에 올라 있던 자기계발서가 주를 이루었기에 하루에 두 권 읽어 내는 것도 어렵지 않았다. 쉬운 책, 재미있는 책들을 골라 읽다 보니 어느새 욕심으로 구매했던 책들만 남게 되었다.

이때쯤부터 책을 구매하는 목록도 조금씩 달라지고

있었다. 두꺼운 책, 난해한 책, 스테디셀러 등 나의 책 읽기에 겉멋과 욕심이 생긴 것이다. 이 겉멋과 욕심이 재미있던 책 읽기를 스트레스로 만들고 있었다. 책을 읽지 않던 내가 책 속에서 소개하는 고전, 인문들을 사들이기 시작하며 읽어 내는 속도가 사들이는 속도를 따라가지 못했던 것이다.

책을 읽기 시작하며 책장의 책들을 모두 책상 위나 바닥으로 꺼내 놓았다. 내가 다 읽은 책들만 책장에서 자리를 잡을 수 있도록 허락했다. 차츰 바닥의 책들이 책장으로 자리를 잡고 책상 위의 책들도 줄어 가나 싶을 때쯤 다시 책이 쌓이기 시작했다. 책 구매 목록이 달라진 그 시점이다. 이때부터 책을 읽으려고 하면 답답해졌고 쌓여 가는 책을 보며 빨리 읽어 내야 한다는 압박감에 시달렸다. 소설을 읽어 내던 속도만큼 책을 읽지 못하는 내가 답답했다. 지금은 너무나 당연한 일임을 알지만 그때의 나는 책을 빨리 읽고, 내가 읽은 책의 권수가 늘어나는 것에 행복을 느끼고 있었다.

한 해 동안 백 권을 훌쩍 넘겨 읽어 낸 해는 그해에 무슨 일이 일어난 것과 상관없이 알차게 잘 보낸 한 해가 되었고 한참이 줄어든 권수를 읽은 해는 뭔가 부족하고 모자란 1년을 보낸 것 같아 아쉬움이 가득해지곤 했다(부족해도 매해 오십 권 이상은 읽어 냈으니 겉멋 부리고 낯 뜨거운 그때의 나도 지금은 칭찬해 주고 싶다).

책 읽기가 한 해, 두 해 이어지며 내가 읽는 책들도 서서히 변하고 있었다. 소설과 수필이 주를 이루었던 책 구매 목록에 자기계발서와 인문학 관련 서적들이 조금씩 섞이기 시작했다. 그러다 소설과 수필이 자리를 내어 주고 자기계발서에 푹 빠진 해가 있었다. 그때부터 내 생활에 약간의 변화들이 생기기 시작했다.

완벽히 '올빼미' 같은 야밤 생활을 즐기던 내가, 새벽 시간에 눈을 뜬다는 것을 생각조차 해보지 않았던 내가 '아침형' 인간이 되어 볼까 생각해 본 자체만으로 변화였다. 그런 시도 덕에 지금은 할 수 없는 새벽 수영을 배워 보기도 했고, 영어 공부를 하겠다며 출근 전 영어학원을 다녀 보기도 했다(물론 오래가진 못했다).

그런 자기계발서들이 자극이 되어 다양한 것들을 시도해 보게 되었다. 나의 필사노트는 그때 만들어졌고, 그럴듯한 계획표를 만들어 본 것도 그때가 처음이었다.

초등학생 시절 방학 숙제처럼 만들었던 계획표. 초등 시절 이후로는 계획표라는 것을 본 적도 없으니 만들어 보는 것만으로도 변화라 생각했다. 성공의 법칙을 알려 주는 다양한 책들을 접하며 새벽에 일어나 보기도 하고, 한 해를 미리 계획해 보기도 하고, 1년에 백 권 이상 열심히 책도 읽어 냈다. 좋은 글들을 옮기며 필사라는 것도 해보았고, 재테크 서적을 읽으며 부지런히 재테크라는 것도 했다. 책이 말했다.

'성공하고 싶다면 책을 읽고 행동으로 옮겨라.'

보통 사람들은 책을 읽지만 성공하는 사람들은 행동으로 실천한다고 하니 나는 행동으로 옮겨 '성공해야겠다' 생각했다. 그럼에도 내 삶에 대단한 변화는 일어나지 않았다. 나는 더 열심히 책을 사고 읽었다. 혹시 내가 놓친 부분이 있을까 더 열심히 사들이고 읽었다. '성공의 방법을, 진리를 찾으리라' 부지런히 사고 읽었다. 책이 시키는 것은 끊임없이 시도해 보았다.

그렇게 책을 읽으면, 책 읽는 해가 늘어 가면 당연히 내 삶은 더 나아질 줄 알았다. 조금씩 나아지는 내 삶에 가속도가 붙어 결국에는 대단한 삶으로 이어질 거라 믿었다. 더 나은 삶을 위해 더 열심히 책을 읽었다. 책 속에서 답을 찾으려 노력할수록 책은 언제나 같은 답을 주었다. 답은 언제나 '독서'였다. 세계의 리더들이 보통 사람들과 다른 점은, 그들이 세계의 리더가 될 수 있었던 이유는 책을 읽는 것이라고 했다(세계의 리더들을 따라 인문, 고전을 읽기 시작했다). 집은 책으로 차곡차곡 채워지고 있었다. 서재를 넘어 거실까지 장악하려 하고 있었다.

'책을 열심히 읽고 시키는 것을 했는데 왜 내 삶에는 대단한 변화는 없는 걸까?'

대한민국 한 달 평균 독서량이 한 권이 되지 않는다는 이야기를 들었다. 난 그 평균을 한참이나 올리는 데 기여한 사람이다. 책을 너무나 아끼고 사랑한 나머지 읽은 책은 가져야 했고 가진 책은 언제나 깨끗하길 바랐기에 10년 이상 도서관도 철저히 거부한 채 오롯이 구매를 통해 책을 읽었으니 나름 출판계에 기여한 바도 크다.

책 한 권 없던 집에 책이 많아졌고, 책 이야기를 해본 적 없던 내가 책 이야기를 먼저 꺼내기 시작한 것이 어쩌면 가장 큰 변화인지도 모르겠다. 이제는 안다. 내가 정말 열심히 책만 읽었다는 것을. 내가 행동으로 옮긴 것이라 믿은 것조차 그저 책 읽기에 불과했다는 것을. 행동으로 옮겼다고는 했으나 그 속엔 내가 없었다. 책이 시키는 것을 따라해 보았을 뿐이다.

성공을 원한다 말하면서 무엇이 성공인지 생각해 본 적이 없다. 행복하게 살고 싶다 생각하면서 무엇이 행복인지 제대로 정의 내려 본 적도 없다. 이런 당연하고 기본적인 것들조차 생각해 보지 않았다. 생각 없는 행동, 아무 생각 없이 흉내 내기만 했던 것들이 어떤 대단한 결과를 만들어 낼 수 있었을까? 나는 생각과 사유라는 것이 없는, 오롯이 책을 읽고 따라 하기만 하는 '책만 보는 바보'였다. 그랬다. 나는 참으로 열심히 책만 읽었다.

책을 읽기 시작하고 시간이 흐르며 자연스럽게 책을 읽는 장르가 다양해졌다. 책을 통해 배웠다. 나에게 선한 영향력을 미칠 수 있는 사람들이 주위에 많아졌다. 그들을 보며 배웠다. 꾸준한 독서모임과 '하브루타'를 배우고 삶에 녹여 가며 알았다. 책을 제대로 읽는 것이 무엇인지. 하얀 것은 종이요, 검은 것은 글자라며 나는 그저 책을 읽기만 했을 뿐 그 속에 내가 없었다.

책만 읽은 지난 10여 년의 시간, 조금 더 빨리 이 사실을 알아차렸다면 좋았겠지만 지난 시간들이 후회되진 않는다. '책만 보는 바보' 시절이 있었기에 이 과정을 다시 반복하지 않을 수 있고, '책만 보는 바보' 시절이 있었기에 책 읽는 즐거움을 알게 되었으니. 책이라는 평생의 친구 하나 얻었으니 이보다 더 값진 일이 어디 있으랴. 이제 나는 문제를 알아차렸다. 나는 그저 해결하고 나아가기만 하면 될 뿐이다.

3.

작심삼일? 작심 3시간

책을 구매하는 것이 가치 있는 소비라 믿고, 책을 읽는 것이 멋이라 생각했던 '책만 보는 바보' 시절 덕에 시나브로 내 삶은 변하고 있었다. 하지만 그 속도가 더디고 느렸기에 변화라는 사실조차 인지하지 못했다. '가랑비에 옷 젖듯 내가 변하고 있었구나'라고 느낀 것도 책을 읽기 시작하고 한참이 지난 후였다.

나는 태어난 이래 내 삶에 주도권이라는 것을 가져 본 적이 없었다. 부모님이 먹이고 입혀 주셨기에 부모님의 말이 법인 듯 어린 시절을 살았고, 학교를 가야 한다 하니 갔으며 그 학교에서 만난 친구를 따라 대학까지 선택했던 나였다.

졸업을 하고 사회생활을 하면서도 내 생활은 크게 다르지 않았다. 아침이면 눈을 뜨고 출근을 해 주어진 일을 했고, 끼니때면 밥을 챙겨 먹고 퇴근 후에는 친구들 만나거나 혹여 일찍 귀가하는 날이면 TV를 보다 잠이 들곤 했다. 어제가 오늘 같고 오늘이 내일 같았던, 매일매일이 비슷했던 매일이었다.

여유 있게 보일 수 있는 삶이었지만 나의 1년은 1년의 첫날을 복사해서 364번 붙여 넣기 한 듯 너무나 비슷한 삶의 반복이었다. 소극적인 삶의 태도 때문에 살아지는 대로, 주어지는 대로 그냥 그렇게 살아 내던 나였다.

그런 내가 책을 읽으며 나도 모르게 조금씩 자극을 받고 있었다. 책 속에서 글로만 존재하던 것들이 책 밖으로 튀어나와 나의 일상으로 천천히 스며들고 있었다. 좀 더 정확히 표현하자면 책을 읽다 내 마음이 끌리는 것들을 무의식적으로 따라 해보곤 했다. 그렇게 시작된 작은 변화들이 이어지며 소극적인 삶의 대명사였던 내가 조금씩 내 삶에 '의지'라는 것을 꺼내 놓고 있었다.

조금씩 무언가를 시도하며 내가 느낀 쾌감, 그 기쁨이 '책이 진리'라는 맹목적인 믿음을 갖게 했다. '책을 따르는 삶을 살아 보겠다'며 대책 없는 책 따라잡기가 시작된 것이다. 자기계발서를 읽기 시작하며 가장 먼저 해보는 것이 목표 설정과 버킷리스트 작성, 나는 보물지도라 불렀던 비전보드이다.

다수의 자기계발서들이 독자들에게 자기계발의 첫걸음이 마지막이라며 삶의 목표를 설정하라고 한다. 목표가 없는 삶은 배에 탔으나 목적지 없이 출항하는 것이라고 말한다. 배를 탔으나 목적지가 없다면 정처 없이 바다를 떠돌다 연료가 떨어지기 전에 제자리로 돌아와야만 한다. 모험이라고 말하며 죽음을 무릅쓰고 무인도에 정박할 순 없다. 그때 내 삶이 목적지 없이 바다 위를 떠도는 배인 것 같았다. 꿈이나 내 삶의 커다란 목표는커녕 1년, 아니 한 달의 목표도 세워 본 적 없던 나에게 책은 말했다.

"넌 지금 연료가 바닥나기 직전의 배를 타고 있는 거야."

생각 없이 책을 읽던 나에게 '이유 없이 맨땅에 헤딩을 해대는 꼴'이라고 이야기하는 것 같았다. 나는 아무 곳에나 불시착할 용기도 없었다. 제자리로 돌아가는 것은 어쩌면 당연한 일이었다. 그래서 나의 매일이 반복되고 있는 것 같았다.

'그래, 나에겐 목표가 필요해. 무엇을 해야 할지 모르니 책을 읽을 때마다 할 일이 달라지나 보다.'

그렇게 나의 첫 1년 계획표를 작성해 보기로 마음먹었다. 마음을 먹었으면 계획표 비슷한 것이라도 만들어야 뿌듯함을 느끼던 나였다. 나는 나의 1년을 진지하게 고민해 보기도 전에 친구들에게 전화했다.

"애들아, 내가 책을 읽었는데 우리가 중요한 것을 하지 않고 있었어."

그렇게 시작된 나의 전화로 친구들과 함께 1년간의 목표 설정을 위한 약속의 날을 잡았다. 그렇게 나의 1년 계획 작성은 쉽게 며칠 뒤로 미루어졌다. 책을 읽고 계획을 세워 보아야겠다 생각한 지 채 10분도 지나지 않은 시간이었다. 작심 10분.

'하지 않겠다'가 아니라 며칠 뒤 친구들과 함께 하는 게 더 의미 있는 일이라 생각했다. 친구들과 함께 하면 더 멋진 계획을 세울 수 있을 것 같았다. 나와 살아가는 모습이 별반 달라 보이지 않는 친구들의 삶에 내가 좋은 자극을 주는 거라 생각했다. 늘 똑같았던 삶을 벗어나게 할 '계획'이라는 것을 세워 볼 삶의 '터닝포인트'가 될 수도 있는 시간을 나를 통해 얻는 것이다. 책을 읽고 친구들과 만날 날만을 잡았을 뿐인데 내 마음은 충분히 뿌듯했다.

약속을 잡고 어제와 같은 오늘, 오늘과 같은 내일을 몇 번 반복하고서야 친구들을 만날 수 있었다. 계획표를 만들기 위해 친구들을 만나기로 했고 책에서는 예쁘게 만들어 잘 보이는 곳에 붙여 두라고 하니 예쁜 계획표를 위한 준비물이 필요했다. 친구들을 만나기 전 대형 문구점으로 가 쇼핑부터 시작했다. 커다란 도화지를 색색으로 고르고 매직과 사인펜 등 종이를 적당히 꾸미고 그릴 수 있는 것들까지 준비했다. 장비 준비 완료.

친구들을 만났다. 계획표를 세우자 했으니 각자 마음에 드는 종이를 골라 들고 바로 시작하면 되는 줄 알았다. 하지만 우리들의 계획은 금세 문제점이 드러났다. 계획을 짜보자고 말만 했지 누구 하나 본인의 미래에 대해 생각해보지 않았다. 시간이 흐르고 나니 나도, 친구들도 '목표'를 세워야 하는 이유가 희미해져 버렸다. 서로를 멍하니 바라보다 뜬금없는 회의가 시작되었다.

"어떤 목표를 세우면 좋을까?"

"어떤 일을 해보고 싶어?"

우리의 회의는 즉흥적이었다. 계획을 짜본 적도 없고 생각해 본 적 없으니 우리가 세워 볼 수 있는 계획은 어디서나 쉽게 보고 들었던, 새해면 누구나 계획으로 세워 보는 것들뿐이었다. 그렇게 각자의 계획은 사라지고 회의를 통해 비슷한 계획표가 만들어졌다. 독서, 영어 공부, 운동, 여행 등 누구나 1년을 계획하며 생각해 볼 만한 것들로 계획표는 차곡차곡 채워지고 있었다. 딱 거기까지가 우리가 보고 들은 경험이었고 한계였다.

책을 읽기 시작한 지 얼마 되지 않아 완독한 책이 몇 권 되지 않던 나였지만 친구들과 함께 짜는 계획표에 스무 권, 서른 권을 목표로 세울 수 없었다. 너무 쉬운 계획인 것 같았다. 나는 크게 책 백 권 읽기라고 썼다. 3일에 한 권, 가능할 것 같았다. 그러고도 65일이라는 여유 날짜가 있으니 가능한 계획이었다.

하나를 쓰고 나니 느낌이 왔다. 언제 고민했냐는 듯 술술 써내려갔다. 영어 공부하기에는 새벽 영어학원 등록과 전화 영어 신청, EBS 강의 듣기가 있었고 여행도 국내 여행, 해외여행으로 나누어 제법 구체적인 계획이라며 스스로 기특해 하며 계획표를 채워 나갔다.

나는 친구들의 계획표를, 친구들은 나의 계획표를 보며 서로를 벤치마킹(?)했다. 그렇게 계획표를 채워 놓고 보니 아무렇게나 섞어 놓고 무작위로 들고 가도 상관없을 것 같은 계획표였다. 하지만 우린 서로의 계획표를 보며 뿌듯해했다. 서로의 대단한 계획에 박수를 보냈다.

나는 나의 계획표를 완성해 낸 것만으로 가슴이 뜨거웠다. 지키겠다는 의지도 강력했고 열정과 에너지도 충만했다. 지금 생각하면 말도 되지 않는, 나의 성향이나 관심사 등이 철저히 배제된 '아무나의 계획'이었지만 그때는 뜨거운 가슴만으로 모든 것을 해낼 수 있을 것 같았다. 마음은 이미 절반의 성공을 거둔 후였다.

처음으로 만들어 본 계획표에 기분 좋아지는 것은 당연하다. 처음으로 가져 본 나의 계획표는 1년 후의 나를 대단한 사람으로 만들어 줄 것만 같았다. 1년 후의 나는 일상에서 책이 떠나지 않는 독서광, 해외여행을 다니며 자유롭게 의사표현을 할 정도의 영어 실력을 갖춘 능력자가 되어 있을 것 같았다. 낮엔 타이트한 비치웨어를 입고 '선베드'에 기대어 책을 읽고 해가 지면 세련된 원피스를 입고 해외 친구들과 이야기 나누며 파티를 하는 상상만으로 난 이미 멋진 커리어우먼이 된 것 같았다.

집으로 돌아와 내 책상 앞에 계획표를 붙였다. 핸드폰으로 사진을 찍어 친구들에게 '인증샷'을 날렸다. 책은 말했다. 원하는 것을 눈에 잘 보이는 곳에 붙여 두면 이루어진다고. 나는 내가 가장 자주 앉는 곳에 그것도 가장 잘 보이는 눈높이에 정성껏 붙여 두었다. 그렇게 나의 계획표 만들기는 끝이 났다.

그날의 하루는 온종일 계획표를 만들며 모든 에너지를 쏟았다. 그저 보는 것만으로 흐뭇했다. 그렇게 나의 작심 3시간은 무언가를 시도해 보기 전, 계획표를 만드는 3시간으로 끝이 났다. 눈에 잘 띄는 곳에 두면 잘 보인다고 하던데 며칠의 시간이 흐른 후 계획표는 그저 벽지에 불과했다. 어쩜 그렇게도 철저히 보이지 않을 수가 있었던 건지. 시간이 한참 흐른 후에야 알았다. 나는 그저 계획표를 만드는 것만으로 행복해 한다는 것을.

계획표가 벽지가 된 후 나는 다시 '버킷리스트'를 작성했다. 가슴 떨리게 읽었던 책의 저자가 '밀양'이라는 곳에서 저자 강연을 한다는 소식이었다. 2시간에 가까운 시간이 걸렸지만 운전해 밀양으로 향했다.

그녀의 삶은 파란만장했다. 삶의 끝에서 '버킷리스트'를 만들고 그것을 하나둘 이루어 가며 자신의 삶을 변화시켜 나갔다. 강연을 듣는 내내 온몸이 파르르 떨렸다. 저자는 덤덤하게 자신의 과거를 말하는데 나의 눈물은 쉬지 않고 흘렀다. 감동과 뜨거움, 꿈과 희망이 넘치는 강연이었다. 뜨거운 눈물을 흘리며 나는 또 나의 '버킷리스트'를 만들기 시작했다.

강연을 통해 온몸 가득 '나는 할 수 있다'라는 희망과 열정을 채웠다. 이번에는 정말로 뭔가 달랐다. 하지만 난 집으로 돌아오는 차 안에서 흘러나온 라디오의 사연에 홀리며 밀양에서 마산으로 향하는 길 위에다 고스란히 그 뜨거운 마음을 뿌려 놓았다. 집으로 돌아와선 너무 많이 울어 피곤하다며 곧장 잠들었던 나이다.

며칠이 지난 후 발견한 '버킷리스트'는 나를 당황스럽게 만들었다. 분명 내 필체였는데 그 내용은 내가 이해할 수 없는 것들이 가득했다. 나는 그날의 감정에 푹 빠져 그 강연가의 '버킷리스트'를 흉내 냈던 것이다. 그렇게 '버킷리스트'는 하염없이 흐른 눈물로 끝이 나버렸다.

이후로도 나는 많은 책과 강연들에서 알려 주는 많은 방법을 따라 했다. 보통의 사람들은 의지가 약할 때 '작심삼일'이라는 말로 표현을 하는데 나는 무언가를 시작해서 '삼일'을 해내면 스스로를 칭찬할 만큼 의지박약이었고, 변화를 거부하던 나였다. 언제나의 시도 속에 나는 없고 나에게 새로운 의지를 부여한 누군가만 있었다. 나는 언제나 흉내를 낼 뿐이었다. 무언가를 따라 하고 시도해 보는 것만으로 만족하던 나였다.

이 책을 쓰며 집에 꽂힌 나의 필사노트들을 펼쳐 보았다. 책을 읽고 발견한 필사의 중요성. 제법 두꺼운 필사노트가 벌써 여섯 권째였다. 첫 번째 필사노트의 흔적을 보니 필사를 시작한 지도 꽤나 오래되었다. 하지만 열심히 베껴 쓰기만 했던 것이 얼마 전까지의 내 필사 방법이었다.

나의 시도와 도전은 언제나 이런 식이었다. 무언가를 끊임없이 하는 것 같지만 자세히 들여다보면 제대로 하는 것이 없다. 부산스레 무언가를 시작하는데 명확한 끝이 없다. 결과적으로 아무것도 하지 않고 가만히 있는 것과 별반 다르지 않은 것 같은 쓸모없는 시도와 도전의 반복이었다.

사람은 원래 변화를 싫어한다. 변화는 일상의 많은 불편함을 감수해야 하기 때문이다. 변화하지 않고 살던 대로 살면 더없이 편안하다. 나는 책을 읽으며 변화하고 성장하고 싶다고 말만 할 뿐 불편함을 감수할 준비가 전혀 되지 않았다. 살던 대로 살면 더 나은 내일이 없다는 것을 그저 글로만 읽었을 뿐이었다. 나의 의지 약한 시도들로는 책 속의 멋진 삶이 나에게 오지 않을 것을 알았다. 나는 변화하기를 거부하고 있었던 것이다. 유연한 사람인 척 했지만 남의 말에 귀 기울일 줄 몰랐다. 책이 진리라고 말만 했을 뿐 책 속의 사람들이 나에게 진심 어린 말들을 쏟아 낼 때 나는 열심히 귀를 닫았다.

나는 어느 누구보다 탄성이 강한 사람이다. 아무리 세게 당겨도 놓으면 금세 제자리로 돌아오고 마는 세상에서 가장 좋은 탄력성을 가진 고무줄 같은 사람이다. 변화는 귀찮고 다른 사람의 말은 듣기 싫지만 내 삶은 좀 더 나아졌으면 하고 바랐던 고집불통 탄성 갑 고무줄. 나를 조금씩 깨우쳐 가며 내 삶에 변화는 없을 줄 알았다.

하지만 이제는 안다. 아무리 탄력성 강한 최고급 고무줄이라도 계속해서 당기면 시나브로 탄력성이 떨어진다는 것을. 나의 지속적인 작심 3시간이 내 삶의 팽팽했던 탄력성을 조금씩 느슨하게 만들었다는 것을. 쓸모없는 시도와 작심삼일이 결국은 쓸모 있는 시도가 되어 내 인생의 '터닝포인트'를 만나게 해주었다는 것을.

4.
잘못된 질문이 만들어 낸 이상한 해답, 한방의 습관

반복되는 작심 3시간으로 무수히 많은 실패를 경험했다. 내가 포기하지만 않으면 실패라는 단어는 누구도 나에게 쓸 수 없다는 것을 이제는 안다. 하지만 그때는 무수히 쌓여 가는 실패가 나의 의지박약으로 만들어진 실패의 무덤인 것 같았다.

사실 실패라고 말하기 위해선 '시도'라는 것이 전제되어야 하는데 나의 다양한 실패에는 '시도'라는 단어를 붙이기조차 민망하고 부끄러운 미미한 시작들이 많았다. 미약한 시작이 창대하게 끝을 맺으면 좋았겠지만 미미한 시작은 어이없는 끝으로 이어지곤 했다. 시작을 하는 이유도, 계획도, 방법도 없이 남들이 하니까 따라 해보고, 책에서 좋다고 하니 해보는, 그저 흉내 내기로 의욕만 넘치던 시절이었다.

할인된다는 이야기에 새벽 영어반을 3개월 끊어 놓고 겨우 한 달을 넘겼고, 역시 할인을 이유로 3개월을 끊었던 스포츠센터는 채 한 달도 넘기지 못했다. 한 해가 시작되는 1월, 새해맞이 이벤트를 이용해 신청했던 수영은 생리와 추위를 이유로 보름을 넘기지 못했고, 수영을 대신했던 새벽운동은 넘치는 아침잠 때문에 단 하루로 끝이 났다.

'쿡방'의 인기 덕에 TV에선 먹는 프로그램뿐 아니라 요리를 하는 프로그램도 심심찮게 볼 수 있었다. 간단한 요리뿐 아니라 쿠키와 빵까지, 집에서 간단한 조리법으로 만들어 볼 수 있는 것들이 무궁무진했다. 간단한 도구들로 만들었다고 해서 어설프게 보이지 않았다(당연한 것이 재료나 장소가 문제되지 않는, 실력 짱짱한 전문가들이 만든 것이었다).

달콤하게 만들어진 쿠키를 예쁘게 포장해서 손 편지와 함께 사랑하는 사람들에게 선물하고 싶었다. 나의 정성 가득 담긴 선물에 감동하는 지인들의 표정이 떠올랐다. 나는 바로 인터넷에 접속해 필요한 도구들을 구매했고 뒤이어 재료들까지 한가득 사들였다. 초코칩에서부터 다양한 너트, 각종 오일과 향신료, 쿠키용 밀가루와 포장 재료까지. 지금 당장 쓰이지 않더라도 '예쁘니까, 맛있으니까, 앞으로 쓸 거니까'라며 각종 도구와 재료들을 사들이기 시작했다. 지금 생각하면 작은 공방을 꾸려도 될 정도의 구색 갖추기였다. 그렇게 쿠키 만들기를 위한 준비운동만 며칠이 걸렸다.

다른 일과 마찬가지로 열심히, 의욕적으로 준비한 재료에 비해 나의 흥미는 오래가지 않았다. 준비된 재료 중 뜯지 않은 제품이 훨씬 많았던 것으로 기억한다. 쿠키를 만드는 시간보다 밀가루가 뒤덮인 부엌을 정리하는 데 더 많은 시간이 필요했고 들인 노력에 비해 결과물도 신통치 않았다.

'다음에는 더 맛있고 예쁘게 만들 수 있을 것 같다'라는 생각에 몇 번의 시도가 더 있었다. 예쁘고 맛있는 쿠키와 상관없이 나의 흥미가 떨어진 이유는 다른 곳에 있었다. 비록 모양과 맛은 부족하지만 내 손으로 직접 만든 쿠키를 받는 사람은 무척 행복하고 기쁠 줄 알았다. 하지만 선물 받은 사람들의 반응은 내 예상과는 달랐다.

손으로 무언가를 만드는 것을 좋아하지 않는 나였다. 스스로를 '똥 손'이라 부르기도 했다. '똥 손'인 내가 시간을 들이고 정성을 쏟아 만든 것이었다. 하지만 전달하는 나의 기대와 달리 받는 사람의 기쁨은 그리 크지도, 길지도 않았다. 사실 '고맙다'라는 말 한마디 인사로 충분한 일이었다. 입장을 바꾸어 보면 간단했다. 나 역시도 누군가에게서 쿠키를 선물 받는다면 감사히, 맛있게 먹어 주는 것이 받는 사람으로 해줄 수 있는 전부이다. 하지만 난 그들은 알 수 없는, 나의 길었던 준비과정과 노력과 마음과 정성을 알아주길, 그래서 더 크고 기쁘게 호응해 주길 기대했던 것이다.

이후 쿠키를 만드는 일이 두세 번 더 반복되긴 했지만 이미 내 마음에 차지 않는 노동 행위에 대한 결과물(쿠키 자체의 결과물과 그것을 받는 사람의 만족도)이었다. 엄마의 구박에도 꿋꿋하게 주방을 채워 가던 재료들은 결국 절반도 쓰이지 못하고 한참의 시간이 흐른 후 엄마에 의해 강제 폐기처분되었다.

나의 허무한 마무리들로 인한 실패와 상관없이 나의 관심사는 잘도 옮겨 간다. 삐뚤빼뚤 손글씨가 마음에 들지 않는 날이면 간격이 넓은 노트를 사서 글씨 연습을 하다 별로 나아지는 것 같지 않아 책을 구입했다. 정확한 제목이 기억나는 것은 아니지만 이 책을 따라 하면 예쁜 손글씨가 완성된다는 손글씨 연습 책이었다. 노트에 아무 글이나 쓰는 것보단 방법과 설명이 자세한 책이 좀 더 재미있을 줄 알았는데 글자를 따라 쓰는 행위는 별반 다르지 않았다. 하루, 이틀 몇 장이나 썼을까. 나는 금세 지겨워졌다. 어느새 다른 책들에 섞여 내 눈에 띄지 않았다. 그걸로 나의 손글씨 연습도 끝이 났다.

그나마 내 생활에서 유지되고 있던, 나름 오래 읽어 왔던 책이라고 해서 별반 다르지 않았다. 책을 읽으며 인문학의 중요성을 알게 되었다. 책에도 유행이 있다는 사실을 이제는 알지만 그때는 모든 책들이 기승전 인문학으로 끝이 났기에 인문, 철학 서적이 책 읽기의 끝인 것 같았다. 인문학이 중요하다는 책의 충고를 적극 받아들여 열심히 철학, 인문, 고전 관련 책들을 사들였다. 하지만 무엇을 꺼내 읽어도 목차와 여는 말 그리고 본문 10페이지를 넘기기 힘들었다.

'다 아는 말이다, 재미없다, 고리타분하다, 어렵다, 난해하다, 내 스타일이 아니다' 등 책에 따라 온갖 이유를 붙여 가며 금세 책을 덮어 버리곤 했다. '인문학만이 길이다'라며 가득했던 의지는 어디로 가고 본편만 시작되면 너무나 쉽게 내려놓는 의지박약한 나였다. 나의 의지라는 것은 어떤 이유를 붙여서라도 그 책을 덮어 버리는 것에만 쓰이고 있었다. 그렇게 반복되는 시간 낭비, 돈 낭비, 의지 낭비는 서서히 나에 대한 불신을 만들어 내기 시작했다. 끝맺음이 없는 시작만을 반복하다 보니 '무엇을 하든 끝까지 해내지 못하는 사람', '게으르고 의지가 약한 사람'이라는 프레임을 스스로에게 씌우고 있었다.

'쳇, 그래, 난 원래 그런 사람이야. 사람이 쉽게 변하면 그게 사람인가?'

'있는 그대로의 나를 인정하라'는 책 속의 말을 내 멋대로 해석하며 모든 것에 귀찮음을 느끼던 시절도 있었다. 게다가 잠까지 많은 난 책 속에서 살아가는, 책 안의 그들과 태생부터 다른 부족하고 모자라고 의지라는 것은 전혀 없는 못난 사람일 뿐이었다. 지금 생각하면 참으로 다행인 일 하나는 모든 일을 쉽게 포기하던 나였지만 책 읽기만큼은 이상한 개똥철학을 굽히지 않고 장르를 바꾸어 가며 유지하고 있었다는 점이다.

사람은 자신의 부족함을 알아채면 그 부족함을 메우고 싶어 한다. 나의 단점을 알아챘다면 어떠한 방법으로든 그 단점을 보완하고 메우고 싶은 것이 사람의 본능이다. 못난 부분보다는 잘난 부분을 보이고 싶어 하고 단점보다는 장점이 많은 '괜찮은 사람'이고 싶은 마음은 사람이라면 누구나 가지는 지극히 당연한 일이다. 나 또한 마찬가지였다. 시작하는 일이 많아질수록 끝맺음에 대한 갈망은 커져 갔다.

책을 읽을수록 책 속의 그들처럼 원하는 바를 이루는 멋진 사람이고 싶었다. 그런 내 모습이 점점 간절해지고 있었다. 나도 그들처럼 소위 '보람'이라 말하는 것을 느껴 보고 싶었고, 어떠한 상황에서도 멈추지 않고 나아가 결국엔 '고생했다'며 스스로를 안아 보고 싶었다.

끝맺음에 대한 갈망과 스스로 만들어 낸 의지박약의 프레임을 깨기 위해 나는 무언가를 해야만 했다. 돌아보니 나의 시작은 언제나 끝을 알 수 없는 것들에 대한 도전이었다. 영어 공부, 운동, 글쓰기, 요리 등 대부분 즉흥적으로 시작된, 어디가 끝인지 알 수 없는 도전이었다. 나의 고민과 갈망은 늘 시작만 해대는 나에게 결국 끝이 있는 일에 대한 도전을 하게 했다.

'쉬운 일부터 시작하자.'

큰 어려움이나 노력이 필요하지는 않지만 끝이 나면 보람을 느낄 수 있는 도전을 고민하다 '자격증' 모으기가 시작되었다.

요즘은 취업을 위해 대학을 가고 스펙을 위해 영어 점수를 따는 것이 당연한 세상이 되었다. 명함을 내밀면 알 만한 이름 있는 회사에 입사하기 위해서 스터디를 하고 학원을 다니며 유학을 다녀와야 하는 것이 기본이 된 요즘이다. 다양한 자격증과 봉사활동, 여러 기업의 인턴 과정을 경험으로 나를 홍보하는 것이 필수인 시대가 되었지만 내가 취업을 준비하던 약 15년 전은 지금보다는 취업의 문이 넓었던 것 같다. (그때 취업이 쉬웠다는 얘기가 아니다. 운 좋게 취업했던 나라서 그렇게 느낄 수 있는 것이다. 내가 졸업을 하는 시점은 최악의 '취업난'이라고 연일 뉴스에서 떠들어 대던 해였다. 졸업을 하며 구직자와 비 구직자의 비율이 비슷했을 정도니. 아이러니한 점은 매년 최악의 취업난, 심각한 청년실업 뉴스는 이후로도 끊이지 않고 계속되고 있다는 점이다.)

전공 관련 자격증 몇 개만으로 운 좋게 취업을 한 나에게 더 이상의 자격증은 필요치 않았다. 고3이 지나면 공부와 영원히 작별이다 생각했던 나였다. 그래서 대학 시절도 대학 캠퍼스를 배경으로 한 청춘드라마 부럽지 않게 미친 듯이 놀았다. 졸업을 할 때도 취업을 위해 전공 관련 자격증 몇 개만 준비하던 나였다. 그런 내가 운 좋게 입사를 했으니 평생 공부라는 것은 하지 않을 거라 생각했다. 자격증도 마찬가지였다. 그런 내가 취업을 하고 한참의 시간이 흐른 후 '자격증을 따야겠다'며 스스로 결심한 일은 실로 어마어마한 변화였다.

영어 공부는 관광통역 영어와 OPIC으로 이어졌고, 손글씨는 POP, 운동은 '비만관리사'로 이어졌다. 사무자동화 산업기사에서 아동미술심리 상담사, 활동극 지도사까지 장르도 다양한 각종 자격증과 수료증들이 내 손에 들어오는 동안 '보람'이라는 것이 느껴졌다. 늘 마무리 없는 시작만 하던 내가 무언가를 해나가고 있는 것 같았다. 내 손에 결과물이라는 것을 받아 드는 기쁨을 맛본 나는 자격증 모으기를 계속했다. 자격증이 늘어날수록 뿌듯했다.

끝이라는 것에 도착해 보고 싶어 시작된 자격증 따기는 '어느 정도 배우고 다른 것으로 넘어가면 되는 걸까?'에 대한 감각을 익히고 싶은 이유가 가장 컸다. 하지만 하나 둘 늘어나는 자격증은 개수에 대한 집착으로 변질되고 있었다. 자격증이 나의 '한방'이 되어 버린 것이다. 의지박약 나에게 자격증이라는 것은 나도 꾸준할 수 있다는 것을 보여 주는 길인 것 같았다. 최소한 자격증은 취득했으니 '의지박약'이라는 단어는 나에게서 떼어 내도 될 것 같았다(그렇게 모으기 시작한 자격증이 몇 개나 되는지 모르지만 예상컨대 20개는 훌쩍 넘을 듯하다).

좀처럼 끝을 보지 못하던 나에게 자격증 취득을 향한 도전은 임시방편의 방법이 되어 준 것은 분명하다. 하지만 자격증이라는 '한방으로 마무리'하는 습관은 금세 한계를 드러냈다. 영어 공부든 운동이든 내 삶에 궁극적인 변화를 가져오기 위해선 결국 그 모든 것들이 습관처럼 내 삶 속에 녹아들어야 한다. 자격증을 준비하는 기간에는 끝이 보이는 길이었기에 멈추지 않고 달릴 수 있었지만 자격증을 따고 나니 다시 원점이었다. 많은 자격증을 안고 뒤돌아보니 '의지박약' 시절의 내 고민과 많은 자격증을 취득한 후의 내 고민이 달라져 있지 않았다. 내 고민은 제자리였다.

오히려 무조건 덤비고 보던 처음과 달리 끝이 보이지 않는 길은 시도조차 하지 못하고 있었다. '한방'에 끝낼 수 있는 일만 도전하는 이상한 습관만 생겨 버렸다. 잘못된 질문으로 이상한 해답을 찾았던 나, 끝을 향한 방법이 아닌 내 삶으로 녹여내는 방법에 대해 고민하고 질문했어야 했다. 잘못된 질문이 이상한 해답을 가져왔다는 것을 알아채는 데 많은 시간이 걸렸다.

'세상에 쓸모없는 것은 없다', '세상 모든 것에는 존재의 이유가 있다', '쓸모없는 것이란 쓸모없다 믿는 내 마음뿐이다'라고 믿는 나이지만 유독 아쉬움이 크다. 잘못된 질문 하나에 대한 대가가 너무 컸다. 복잡한 것은 딱 질색, 생각하기 싫어하는 내가 성의 없이 스스로에게 던졌던 질문 하나의 대가는 돌이킬 수 없는 귀한 시간들이었다. 안타깝다 생각해도 지나간 시간을 돌이킬 수는 없다. 아쉬움은 크지만 그 시간은 짧게 가지고 지금 할 수 있는 일에 집중하려 한다. 지나간 시간에 대한 후회 대신 쓸모없을 거라 생각했던 나의 과거를 쓸모 있는 경험으로 만들어 보는 일, 나는 나의 오늘에 최선을 다하기로 다짐한다.

5.
변화를 두려워하는 삶

아침에 눈을 떠 커튼을 젖히면 통유리로 된 넓은 창에서 햇빛이 쏟아진다. 저 멀리 바다가 선명하게 보인다. 넓은 정원은 색색의 꽃과 나뭇잎으로 물들어 있다. 가볍게 샤워를 하고 집을 나선다. 주차장으로 내려가 검정색 벤츠, 회색의 맥라렌을 지나 빨간색 람보르기니에 오른다. 왜? 오늘은 날이 너무 화창하니까.

날씨와 기분에 따라 골라 탈 수 있을 정도의 차들이 주차장 가득이다. 따사로운 햇빛과 반짝이는 바다를 보면서 천천히, 드라이브하듯 운전을 한다. 10여 분 한적한 길을 즐기다 보니 어느새 시내 초입이다. 출근 시간대를 살짝 비켜 출발했더니 교통체증도 없다.

시내에서 가장 세련된 건물의 주차장으로 내려간다.

내 주차공간에 차를 세우고 엘리베이터로 향한다. 내 사무실은 20층이지만 둘러보아야 할 공간과 사무실들이 있어 8층과 11층을 잠시 들렀다 사무실로 향한다. 향 좋은 커피를 한 잔 내리고 컴퓨터를 켜니 강의 요청 메일이 쏟아져 있다. 메일을 하나둘 읽으며 정성껏 답 메일을 보낸다. 정성으로 메일을 쓸 수밖에 없는 이유는 대부분 거절 메일이기 때문이다. 빼곡한 일정도 싫지만 이미 내년까지의 강의 일정은 대부분 잡혔다. 남아 있는 시간은 내가 꼭 가야만 하는 자리들을 위해 비워 둔 시간이다.

메일을 읽다 보니 모교의 학생이 보낸 메일이다. 나의 책을 모두 읽었다고 한다. 책의 구절구절들을 옮겨 놓으며 지금 자신의 상황에 빗대어 마음으로 글을 썼다. 꿈이 있지만 현실의 벽에 자꾸만 부딪히다 보니 스스로의 한계를 만들어 버린 친구이다. 포기하고 싶던 그 시점에 내 책을 읽으며 다시 일어섰다고 한다. 희망의 끈을 놓지 않았다며 감사의 메일을 보낸 것이다.

메일의 내용을 모두 옮길 순 없지만 살아온 배경이나 힘겹게 느껴지는 학교생활 등 사연이 정말 구구절절하다. 하지만 꿈을 향한 그 마음의 간절함은 고스란히 느낄 수 있었다. 답장을 보냈다. 나의 다이어리에 일정이 하나 더 추가되었다. 내일 있을 미팅을 준비하며 오후를 보낼 예정이다. 내일 나의 파트너들과 함께 나눌 이야기를 상상하는 것만으로도 나는 이미 행복하다.

머릿속으로 그려 본 약 5년 후 내 미래의 모습이다. 비록 지금은 글뿐이라고 해도 글을 쓰는 이 짧은 순간만큼은 이미 지금의 모습인 것처럼 생생하게 그려졌다. 너무 기분 좋고 행복해서 글을 쓰는 시간 동안 입꼬리가 귀에 걸려 내려오질 않았다. 남들이 허무맹랑하다고 말해도 상상 한 번 해보지 못한 사람들보다 상상이라도 미래를 그려 본 내가 좋다.

'말하는 대로, 쓰는 대로 이루어진다'라고들 말하는데 기분 좋은 나의 미래를 잔뜩 써놓았으니 뭐라도 하나 얻어걸릴지 모른다고 생각하며 상상은 꼬리에 꼬리를 물고 이어진다. 나의 바람이 이루어지면 그 바람대로 여유 있고 행복하게, 나누며 살면 되니 감사할 일이다. 혹여 나의 바람이 이루어지지 않는다 하더라도 무엇 하나 손해 볼 거 없는 나이다. 인터넷 뒤적이며 오늘의 이슈 몇 개 챙겨 볼 정도의 시간만으로 나를 기분 좋은 상상으로, 행복에너지 가득 충전할 수 있는 즐거운 시간이었다.

사람이라면 돈과 시간으로부터 자유롭고 싶은 강한

욕구가 있다. 삶을 유지하기 위해 해결해야 할 가장 기본적인 것들을 얻기 위해 '일'이라는 것을 해야 하고 그 일은 우리가 가진 노동과 시간을 담보로 '돈'이라는 것을 제공한다. 살아가기 위해 평생 일해야 하는 사람이 이것으로부터 자유롭고 싶은 것은 당연한 바람이다.

이런 자유로움을 누군가가 나를 위해 준비해 준다고 하면 거절할 사람이 있을까? 누구나 드라마의 한 장면 같은 이런 멋진 삶이 우연처럼 나에게 찾아오길 바란다. 돈에 자유롭고 시간에 구애받지 않는다면 내 남은 삶을 좀 더 가치 있게 쓰고 싶다는 마음은 사람이 가진 선한 마음 중 하나일 것이다. 하지만 사람들은 그런 삶을 바라기만 할 뿐 꿈꾸지 않는다. 상상하지 않는다. 나의 바람과 노력으로는 절대 이루어 낼 수 없는, 내 능력 밖의 일이라며 상상하기조차 거부한다. 꿈꾸지 않는다. 내 삶과 너무나 멀리 동떨어진, 그들만의 리그라 생각하기에 꿈꾸는 것조차 포기한다. 나 역시 이것이 현실을 제대로 인지한 이성적인 판단이라 믿었다.

내 소유의 세련된 고층 건물, 날씨에 따라 골라 탈 수 있는 최고급 자동차는 고사하고 내 명의의 괜찮은 집 한 채 상상하는 것도 쉽지 않았다. 또래에 비해 적지 않은 월급을 받고 있음에도 원하지 않았다. 지방이라고는 하지만 서울 못지않은 높은 집값 덕에 나는 일찍 원하던 집을 포기했다.

지금 사는 곳보다 조금 더 환경이 좋은 곳으로 이사를 가려고 계산기를 두드려 본 적이 있다. 허리띠 바짝 졸라매고 아끼고 아끼면 12~13년 후쯤 그곳으로 이사할 수 있을 것 같았다. 주말이나 야간 아르바이트를 한다고 가정하면 10년 정도로 줄어들지도 모를 시간이지만 그 긴 시간을 결핍 속에서 살 자신이 없었다. 계산기를 두드린 그 순간 이미 그 집은 내 머릿속에서 사라진 후였다.

집 하나를 위해 아등바등 살아갈 12~13년을 택하느니 집을 포기하고 매일을 행복하게 사는 것이 현명하고 바른 선택이라 생각했다(집에 관해서만큼은 옳은 선택을 했다고 믿는다). 하지만 내 삶은 집을 포기하는 것으로 끝나지 않았다. 어느 것에나 쉽게 포기해 버리는 내가 문제였다. 앞서의 글에서도 밝혔듯 결과 근처에 가보기도 전에 쉽게 주저앉았고, 시도조차 해보지 않는 경우가 허다했다.

원하는 것을 얻기 위해서는 감수해야 할 당연한 과정들이 있다. 때론 결핍으로, 때론 고난으로, 때론 실패의 모양으로 나에게 다가왔던 성장의 시간들이 그땐 나를 오롯이 시련으로 밀어 넣는 것만 같았다. 그런 시련들이 두려워 난 언제나 회피했다. 혹여 무언가를 시작하더라도 이내 포기했던 나였다. 불확실한 결과 앞에서 노력으로 밀고 나가다 멈추느니 차라리 빨리 포기해 버리는 것이 손실을 줄이는 길이라 생각했다. 성장이라는 것을 위해 포기해야 했던 당장의 즐거움이 더 좋았고, 무엇보다 변화를 위해 감내해야 했던 많은 것들이 두려웠다. 변화와 성장이라는 멋진 이름 앞에 내가 쏟아내야 할 인내와 끈기, 노력이라는 것들은 하나같이 어찌나 높고 험난하게만 보였던지. 아무런 준비 없이 혼자 무인도에 떨어진 기분이었다. 그럴 땐 언제나 내가 편해지는 방법으로 생각했다.

'최소한 가만히 있으면 손해 볼 일은 없고 쓸데없이 어려운 일을 하지 않아도 된다.'

원하는 모습을 위해 들여야 할 정성과 시간이 지금은 당연하다 말하지만, 당연한 것을 당연하게 받아들일 수 없었던 겁 많았던 그때의 나에게 변화와 성장 따위는 있을 수 없었다.

원하던 집을 얻기 위해 내가 '반드시' 포기해야만 하는 것이 있었다. 변화하고 성장하기를 원한다면 삶 속에서 허리띠를 졸라매 보자. 원하는 것을 얻기 위해선 포기해야 할 무언가가 있다는 당연함을 기억하자. 우리의 인생에서 가치 있는 무언가를 얻기 위해선 내려놓아야 할 무언가가 반드시 있다. 이 당연함이 받아들여지는 순간 동전이 뒤집어지듯 두려움은 '경험'이라는 다른 이름으로 나에게 다가올 것이다. 경험이야말로 성장을 위해 누구에게도 뺏기지 않을 온전한 나의 자산이 되어 줄 것이다.

불가능한 일이라 생각했던 10년 후의 드라마틱한 삶을 누군가는 꿈꾸고 있다. 누군가에게는 절대 불가능한 일이 왜 누군가에게는 가능한 일이 되는 걸까? 내 능력 밖의 일이라며 허무맹랑하다 생각했던 꿈을 누군가는 삶으로 증명해 보이고 있다. 이미 많은 책 속에서 삶으로 '가능'을 증명하는 이들을 수없이 보았던 우리다.

난 많은 사람과 함께하는 행복한 성장을 원한다. 사람들은 언제나 어제의 나보다 조금 더 나은 오늘의 내가 되길 희망한다. 나의 바람과 사람들의 희망이 만나 함께 나아간다면 두려움은 즐거운 당연함이 될 수 있다. 삶으로 꿈을 증명해 내는 주인공은 스스로 바라기만 한다면 누구나 될 수 있다.

6.
카피 인생, 부질없는 자기계발

취미 100개 특기 없음.

나의 첫 번째 책 《당신의 삶에 용기를 선물합니다》의 소제목 중 하나이다. 취미란 '전문적으로 하는 것이 아니라 즐기기 위하여 하는 일'이라고 한다. 취미는 그 정의처럼 내가 즐기기 위해 하는 일이어야 하는데 나의 취미는 '즐기기 위한 일'이라기보다 '사람들과 함께' 즐기기 위해 하는 일에 가까웠다. 만나는 사람들이 다양해질수록 더 많은 것을 배우려 했고, 무언가를 배우면서 끊임없이 새로운 것을 찾아 헤매던 나였다.

사람들과의 대화에서 내가 잘 모르는 이야기가 주제로 떠올라 그 대화에 제대로 낄 수 없게 되면, 그런 일이 반복해서 발생하면 무턱대고 '배우자' 하던 나였다. 그렇게 배운 나의 의외의 취미 중 하나가 한때 국내뿐 아니라 해외에서도 폭발적인 인기를 끌었던 '스타크래프트'라는 게임이다.

나는 게임을 좋아하지 않았다. 머리 복잡해지는 일은 딱 질색이었던 나이기에 게임 중에서도 전략이나 전술이 필요한 게임, 소위 말하는 머리 쓰는 게임은 손사래를 치던 나였다. 그런 내가 대학 시절 선배와 남자 동기들이 대화 중 일상어처럼 쓰는 '이상한' 단어들을 알아듣지 못했다. '외계어' 같기만 한 단어들이 대화 속에서 참 많이도 쏟아졌다. 그래서 배웠다. 그들의 대화에 끼기 위해. 막상 배우고 보니 게임의 재미도 알게 되었다. 하지만 게임보다 더 재미있었던 것은 그들과 게임을 하며 보내는 시간들이었다.

나의 취미라는 것은 이런 식으로 늘어 갔다. 좋아하는 사람들을 쫓아 배우고 그들에게 묻어가기. 그런 나에게 자기계발이라고 해서 별반 다를 것이 없었다. 사실 나에겐 취미와 자기계발의 경계가 모호했다. 종류에 상관없이 좋아하는 사람들이 있으면 함께하고픈 마음으로 무엇이든 배웠으니까.

중요한 것은 언제나 나의 시선은 타인을 향해 있었다는 점이다. 평소 내가 '멋있다' 생각했던 사람들이 무언가를 배우고자 하면 묻지도 따지지도 않고 쫓아가 같이 배우던 나였다. 사람만을 쫓으며 배우다 보니 나의 배움은 산만할 수밖에 없었다. 기타를 배우다 갑자기 독서모임을 가고, 책을 읽다 뜬금없이 춤을 배우러 가는 식이었다.

그런 나에게 사람들은 말했다. 언제나 열정적이고 에너지 넘친다고. 끊임없이 배우고 현재에 안주하지 않으며 스스로를 성장시키기 위해 늘 열심히 한다고 말해 주는 것이 좋아 더 많은 것들을 배우고 따라 했다. 하지만 난 내가 좋아하는 사람, 내 눈에 멋있어 보이는 사람들을 쫓아 그들과 함께할 뿐이었다. 돌이켜 생각해 보면 시간, 거리, 비용에 상관없이 동에 번쩍 서에 번쩍인 데다 장르 가리지 않고 배워 대니 그렇게 보일 만도 했겠다 싶다.

특히나 책을 통해 만나는 인물들은 내게 모두가 영웅이었다. 단순히 '멋지다'는 한마디로 표현할 수 없는 대단하고 존경스러운 인물들이었다. 책에 대한 환상이 있는 내게 책 속에서 글로 만나는 사람들은 내 판타지 속 최고의 주인공들이었다. 책 속에는 내가 닮고 싶고 따라 하고 싶은, '나도 저렇게 살아 보고 싶다'라는 생각이 들게 하는 사람들이 너무나 많았다. 시공간을 초월해 모두 만나고 싶고 함께하고 싶은 사람들이었다. 책을 읽으면 읽을수록 내가 해야 하는 일, 만나야 하는 사람은 늘어 갔다.

나는 나만의 방법으로 그들과 함께했다. 그들이 하는 대로 그들의 삶을 흉내 내보기도 했고 그들이 시키는 대로 살아 보기도 했다. 성공한 사람을 따라 하면 똑같지는 않더라도 비슷해질 수는 있다는 말을 본 적이 있다. 목표를 크게 잡으면 실패하더라도 그 근처에는 도달할 수 있다고 했다. 큰 꿈을 그리면 작은 목표들은 쉽게 이룰 수 있다고 했다. 학생이 전교 1등을 목표로 하게 되는 공부와 반에서 10등을 목표로 하는 공부는 양과 질적으로 다를 수밖에 없다는 논리였다.

'최고의 창조는 모방에서 시작된다.'

난 그들의 삶을 따라 하고 흉내 내보기로 결심했다. 하지만 나의 문제는 금세 드러났다. 내가 그들의 삶을 모방하고자 마음먹었다면 그들의 일거수일투족을 모두, 제대로 따라 했어야 했고 그것이 온전히 내 것이 될 때까지 했어야 했다. 하지만 난 내가 할 수 있는 것들만 선택적으로 취했을 뿐 아니라 끈기 부족을 이유로 '내가 그렇지 뭐'라며 대수롭지 않은 듯 멈추어 버리곤 했다.

내가 모방하기를 빨리 끝내야 했던 또 하나의 이유는 닮고 싶은 사람을 따라 살아 보려 하면 그보다 더 멋진 사람들이 자꾸만 나타났기 때문이다. 책 속엔 완벽하게 멋진 사람들이 너무나 많았다. 특별한 목적 없이 닥치는 대로 책을 읽던 때라 읽게 되는 책의 장르도 다양했다. 그만큼 내가 따라 하고 싶은 대상도 다양했고 배우고 싶은 것들도 대책 없이 늘어났다. 그렇게 나는 책 속에서 만나는 사람들을 쫓아 세상이 '자기계발'이라고 말하는 것을 시작하게 되었다.

이런 자유분방한 자기계발 덕분에 누구를 만나도, 어떤 대화를 해도 가볍게 낄 수 있을 정도의 얕은 지식과 경험은 갖게 되었고 사람들의 눈에는 못하는 게 없는, 지치지 않는 열정으로 끊임없이 자기계발을 하는 사람이 된 것이다.

그들의 삶을 카피하면 나도 그렇게 멋있어질 줄 알았다. 책 속의 주인공만큼은 아니라도 그들과 비슷한 삶은 가능할 줄 알았다. 책 한 권에 모두 담아낼 수 없어 생략했을 그들의 훨씬 더 많았던 평범한 하루하루는 보지 못한 채 책 속에 담긴 특별한 사건과 결과만을 보고 좇았다.

사과 하나를 따기 위해 씨를 뿌리고 나무가 되기까지 키워 내고, 가지를 치고 벌레를 쫓으며 보냈을 평범한 대부분의 날은 보지 못하고, 나무를 심고 열심히 키웠더니 사과를 얻었다고 써놓은 '글자'만을 보았다. 평범하고 반복된 일상을 '열심히'라고밖에 표현할 수 없는 책이 가진 한계를 몰랐다. 자꾸만 변해 가는 나의 히어로들 때문에 나는 내 삶을 자주 바꾸어야 했고, '열심히'라는 말로 줄여진 대부분의 반복된 일상도 알아채지 못하면서 나의 자기계발은 부질없이 끝이 나고 말았다.

내 인생은 카피인생이었다.

카피를 해서 똑같이 만들어지는 것은 아무것도 없었다. 같은 책을 읽어도 누군가는 삶의 '터닝포인트'로 삼고 누군가는 그저 한 권의 책으로 읽고 지나친다. 책을 읽는 행위를 카피하는 것이 아니라 책을 읽는 사람의 태도를 카피했어야 했다. 책을 읽는 것으로 삶이 변하는 것이 아니라 그 책을 읽으며 내가 무엇을 받아들이고 내 삶에 녹여 습관으로 만들어 놓을지 생각하고 선택해서 행동으로 변화하는 내가 중요했다.

카피, 그 중심에는 내가 있어야 한다. 내가 없는 열정적인 카피 인생은 부질없는 자기계발이라는 결과만 가져다주었다.

Action

스위칭 놀이: 단어 바꾸기 놀이

스위칭 놀이는 일명 단어 바꾸기 놀이로 내가 스스로 단점이라 생각했던 부분을 긍정적인 표현으로 바꾸어 보고 장점으로 만들기 위해 할 수 있는 일을 써보는 것이다. (단어로 써도 문장으로 써도 상관없다. 그 내용도 무엇이든 상관없다. 떠오르는 것을 모두 기록하라.)

단점	스위칭
(예) 깊이 없는 책 읽기	(예) 책을 읽음 다양한 장르의 책을 읽음
끈기 부족	호기심 넘치고 시작하는 것을 두려워하지 않음

장점 강화	비고
(예) 필사하기(필사노트) 독서기록 남기기 (서평, 독서노트 등) 지속하기, 함께하기 (벌금 등 강제성 부여)	(예) 책 속지에 한 줄 평 남기기 왜? (이유 찾기) 우선순위 결정

Ⅳ

작은 터닝포인트로 성공하라

1. 하고 싶은 일? 해야 할 일을 하자
2. 함께하는 힘에 기대어 보라
3. 딱 저기까지만 가자
4. 작은 성공을 성취하라, 성공습관 프로젝트
5. 반복은 최고의 도전이다

〈Action〉 좋은 습관 만들기, ‘성공습관 프로젝트’

1.
하고 싶은 일? 해야 할 일을 하자

하고 싶은 것은 많고 해야 할 일도 많았던 나. 하고 싶은 일과 해야 하는 일 사이에서 언제나 고민은 하지만 그 시간은 길지 않다. 진지하게 고민해도 머리만 아프고 속만 시끄러울 뿐 답은 언제나 하나, 해야 하는 일이다. 지금 당장 해야 하는 급한 일이기도 했고 살아가기 위해선 반드시 해야 하는 일이었기에 당연한 결정이었다.

아침에 눈을 떠 직장으로 향하는 건 당연히 해야 할 일이다. 직장에서 월급이라는 것을 받는 순간 나는 그에 상응하는 노동을 지불해야 한다. 노동을 지불함에 있어 나에게 선택권은 별로 없다. 정해진 시간에 출근을 해야 하고 회사에서 정해 준 스케줄대로 움직여야 한다. 매일 나에게 주어진 내 몫의 일을 해내야만 한다. 내가 하고 싶지 않은 일이라고 해서 거부할 수 없다. 내게 주어진 일은 이유 불문, 해야 하는 것이다. 이런 당연한 사실을 알면서도 일하기 싫은 날이 있다. 혹은 내 몫으로 주어진 일 자체가 싫은 날도 있다. 원치 않는 일이 반복되면 능률이 떨어지고 퇴근 시간도 들쭉날쭉이다. 하지만 월급을 받고 고용된 사람의 입장에서는 이 또한 당연한 일이다.

원치 않는 일을 하는 것, 자꾸만 늦어지는 퇴근 시간보다 직장생활을 더 어렵게 하는 것은 사람이라고 한다. 퇴사와 이직의 이유를 묻는 통계조사를 보면 쉽게 확인할 수 있다. 직장을 그만두는 상당수의 이유가 관계이고 사람이라는 사실을. 일에서의 의견 충돌, 상하 관계, 조직문화나 관례 등 일에서 오는 스트레스보다 사소해 보이는 문제들로 생겨나는 사람 사이의 불편함이 퇴사를 결심하게 한다.

비합리적인 문화에 꼿꼿한 나의 의견으로 맞서 합리적인 이유를 들이밀면 감정싸움만 더해진다. 이럴 땐 나의 의견을 고집하기보다 대화와 소통이라는 이름으로 조율할 줄도 알아야 한다. 이 또한 내가 경험을 통해 배운, 일을 하며 지불해야 하는 노동 중 하나였다.

판단과 선택은 고용주, 상급자의 몫이지 나의 몫이 아

니다. 이처럼 '노동'이라는 이름 뒤에는 내 의지만으로 어쩔 수 없는 부분들이 많다. 특히 '감정'이라는 부분을 잘 조절해서 조직사회에 적합한 사람이 되어야 한다. 이것이 월급에 대한 대가로 노동을 지불하는 나의 몫이라 생각했고 당연한 일이라 생각했다.

일을 하고 경력과 급여는 늘어 갔지만 내 의지로 어쩔 수 없는 부분은 여전히 많았다. 내가 하지 않은 일을 책임져야 했고 처리해야 하는 일도 늘어 갔다. 고용자로서, 상급자로서 당연하다 생각하면서도 가끔씩 생겨나는 화나 억울한 감정들은 사람이기에 나도 어쩔 수 없었다.

즐거운 날이 많았던 직장생활이 천천히 억울하고 힘겨운 일이 많은 날들로 변해 갔다. 그때부터 직장에만 집중해 있던 내 눈은 세상을 향하기 시작했다. 더 나은 직장을 찾아 이직을 하는 사람이나 꿈을 좇아 퇴사하는 사람들을 볼 때면 그 용기가 부러웠다. 친구들에게, 동료들에게 입으론 곧 사직서를 던질 것처럼 떠들었지만 정작 행동으로 옮길 엄두는 내지 못했다. 이곳이 아니라면 이직을 할 회사가 있어야 했다. 최소한 다니던 회사와 비슷한 수준이거나 더 나은 곳이어야 한다 생각했다. 쉽지 않은 일이었다.

이직이 아니라면 회사를 때려치우고 시작해 보고 싶은, 간절한 나만의 무언가가 있어야 했다. 입으론 꿈이 많다 말하며 꿈에도 겉멋을 부린 나지만 퇴사를 결심할 만큼 간절하지 않았다. 꿈은 그저 욕심에 지나지 않았다.

꿈이라고 쉽게 말했던 것들이 진짜 내 꿈이 아니라는 것을 알았다. 세상을 살며 '성공'이라는 것을 얻기 위해 학습된 꿈이었다. 꿈을 좇아가는 사람들이 멋있어 보이긴 했지만 나에겐 그런 꿈이 없었다. 회사를 벗어나기 위한 어떤 대안도 찾지 못했다. 그저 그곳을 도망쳐 나오고 싶다는 생각뿐이었다. 대안 없는 문제 제기는 핑계와 불만을 만들어 낼 뿐이다. 불만, 이직, 퇴사, 대안 없는 문제 제기, 핑계는 번갈아 가며 나를 괴롭혔다.

세상의 많은 책들이 하고 싶은 일과 해야 하는 일 사이에서 고민될 때는 하고 싶은 일을 하라고 한다. 나도 그렇게 말하곤 했다. 자신의 마음을 따라 살아가는 삶. 얼마나 멋지고 완벽한 말인가.

'하고 싶은 일을 하라.'

하고 싶은 일이 분명하지 않은 사람에게는 '하고 싶은 일을 먼저 찾으라'고 말하면 그만이지만, 하고 싶은 것이 있음에도 현실이라는 벽 앞에서 다음으로 미루어야만 했던, 하고 싶은 것을 할 수 없는 사람들에게 '하고 싶은 일을 하라'라고 말했던 것이 현명한 조언이었을까 생각한 적이 있다. 아이가 생기고 책임져야 할 상황이 현실이 되고서야 알았다. 하고 싶은 일도 중요하지만 해야 하는 일을 먼저 하는 것이 어떤 사람에게는 선택지가 없는 문제일 수도 있다는 것을.

해야 할 일을 미루어 두고 하고 싶은 일을 하는 것은 '꼭 해야 하는 숙제'를 두고 놀이를 하는 일과 같다. 당장의 놀이는 즐거울 수 있지만 시간이 지나며 즐거움은 불편함으로 변해 간다. '꼭 해야 하는 숙제'에 대한 생각이 커지며 놀이에 온전히 몰입할 수 없다. 하지 않은 숙제가 점점 더 큰 불안으로 찾아와 놀이에 대한 흥미는 줄어들고 숙제에 대한 걱정만 커진다.

나도 그렇게 16년에 가까운 시간을 쉼 없이 달려왔다. 내가 해야 하는 일이었기에. 하지만 나에게 주어졌던 의도치 않은 짧은 휴식이, 그리고 태어난 나의 아이가 나를 변화시켰다.

'끈기 없다, 나는 원래 못해'라고 하던 내가 엄마가 되며 작은 도전들을 해야 했다. 나를 세상 최고로 바라보는 아이가 있었기에 그 도전은 반드시 성공해야만 했다. 그렇게 시작된 작은 성공들은 원래의 자리로 돌아가려는 탄성 강한 나에게 지속적인 '터닝포인트'가 되어 주었다.

나는 결국 사직서를 던졌다. 직장 안에서의 꿈도 많고 원대했던 나였기에 누구도 예상할 수 없었던 일이었다. 하지만 휴식 안에서 만났던 긍정적인 자극과 도전, 작은 성공과 성취감은 온전히 나를 다시 볼 수 있게 했고 나의 가능성을 확인시켜 주었다. 그리고 새로운 꿈을 꾸게 했다. 학습된 꿈이 아닌 진짜 나의 꿈을 상상하게 했다.

나는 아직도 내 삶에 질문을 던지며 이유를 찾고 길을 만들고 있는 내 삶의 여행자이다. 현재의 나는 다양한 일을 하며 살지만 온전한 직업을 가진 사람이라고 말하기도 어렵다. 하지만 하나 분명한 것은 하고 싶은 일이 무엇인지, 해야 할 일이 무엇인지 알았다는 것이다.

나는 과거의 나처럼 여러 가지 이유들로 주저하고 있는 사람들에게 용기를 주는 사람이고 싶다. 소소한 작은 도전들이 계기가 되어 스스로에게 믿음을 가질 수 있게 돕는 사람, 작은 기회로 성공의 맛을 볼 수 있게 하는 사람, 잠잠한 마음에 작은 바람을 일으켜 무엇이든 시작해 볼 수 있게 하는 사람, 사람은 존재만으로 기적이기에 기적을 행할 능력 또한 이미 가진 존재라는 것을 알려 주는 사람이고 싶다. 나는 세상에 작은 용기의 씨앗을 뿌리는 '용기부여가'이고 싶다. 말과 글로, 세상에 나아가 만나는 모든 사람에게 전하고 싶다. 이것이 내가 해야 하는 일이다.

나는 오늘도 하고 싶은 일과 해야 할 일 사이에서 고민한다. 하지만 고민의 시간은 짧다. 나는 여전히 해야 할 일을 선택한다.

나는 한 인간에 불과하지만, 오롯한 인간이다.
나는 모든 것을 할 수는 없지만, 무엇인가 할 수 있다.
그러므로 나는 내가 할 수 있는 것을 기꺼이 하겠다.

2.
함께하는 힘에 기대어 보라

사람에게는 누구나 성향이라는 것이 있다.

무의식적인 행동, 찰나에 느끼는 감정, 자극에 대한 순간적인 반응 등 성향은 잠재적인 형태로 모든 사람들에게 존재한다. 부모에서 받은 유전인자, 집안의 환경, 학교생활과 대인관계 등 태어나 경험했던 다양하고 복잡한 관계와 상황들이 촘촘히 얽혀 기반을 만들고 내가 살아온 삶이 바탕이 되어 형성되고 만들어진 것이 성향이고 기질이다. 그래서 사람이 가진 고유의 성향들은 쉽게 바뀌지 않는다. 어떤 유형 검사에서는 '본질'이라고 표현하며 사람이 가지고 태어난 본질은 바뀌는 것이 아니라고 말하기도 한다.

사람의 성향이나 성질, 본질 등의 변화 유무는 나에게

중요하지 않다. 바꿀 수 있는 것이라면 자신이 원하는 모습으로 천천히 바꾸어 가면 되는 것이고, 바뀌지 않는 것이라면 내가 가지고 태어난 것을 가장 나답게, 최고의 보석으로 만들어 주면 되니까. 중요한 것은 내가 가진 기질이나 성향은 무엇이고 내가 원하는 것이 무엇인지를 아는 것이다.

'나는 어떤 사람이고 어떤 사람으로 성장하길 원하는가?'

나는 20년이 넘는 시간을 내향적인 사람이라 생각하며 살았다. 사람들은 언제나 내게 소극적이고 조용하다 말했다. 사람들과의 관계도 어려웠다. 학창 시절엔 답을 알아도 손을 들어 내 생각을 말해 본 적 없고 자리에서 일어나 읽는 책 몇 줄도 힘들어 읽다 포기하고 앉아 버리던 사람이었다. 앞으로 나가 발표를 해야 하는 일이 있을 때면 심하게 떨리는 내 목소리가 마치 '양 울음소리' 같았다. 요즘의 말로 표현하자면 '발표 불안'에 가까웠다. 그렇게 초 · 중 · 고 12년 생활기록부에 나를 따라 다니던 대표 단어가 '소극적', '내성적'이었다. 내가 본 나의 성향이나 기질을 보아도 그렇고 타인의 시선으로 본 나 역시 완전히 내향적인 사람이었다. 하지만 대학생활을 시작하며 내 '성향'이라는 것에 변화가 찾아왔다.

대학생이 되고 처음 무대에 선 그날은 아직도 생생하다.

통기타 동아리 활동을 하며 처음으로 공연을 하게 된 것이다. 그때의 난 초등학생 때의 나와 다를 바 없었다. 떨리는 손으로 마이크가 부서질 듯 꽉 쥐었고, 후들거리는 두 다리는 마이크 스탠드에 의지한 채 겨우겨우 서있었다. 극도의 긴장감 속에서 온몸에 잔뜩 힘을 주고서 첫 무대를 마쳤다.

첫 무대가 끝나고 녹음된 파일을 듣고 난 후 알았다. 긴장을 많이 했지만 내 소리에는 '양 울음' 같은 떨림이 없었다. 혼자라면 서지 못했을 무대를 동기, 선배들과 함께 한 덕분에 무난히 끝낸 것이다. 시간이 흘러 나의 녹음 파일을 공개적으로 들을 기회가 있었는데 그 노래를 처음 들어 본 분이 말했다.

"이 여자분, 누구야? 목소리가 참 좋네."

'무대를 끝내기만 한 것이 아니었구나. 제법 잘한 것 같아.'

사실 나의 파트는 많지 않았다. 선배들 틈에 끼어 화음 조금 넣는 정도였기에 잘 끝낼 수 있었던 무대. 그 후로 무대에 설 기회도 차츰 늘었고 늘어나는 기회만큼 나의 시간도 많아졌다. 조금씩 늘어가는 기회와 비례해 긴장감이나 떨림은 줄어 갔다. '소리울림'이라는 동아리 활동을 시작하며 다른 사람 앞에 서 나의 소리를 낸다는 것을 상상조차 할 수 없던 내가 무대 위에서 기타를 치고 노래를 부르는 일을 즐기고 있었다. 혼자서는 절대 할 수 없던 일을 함께 했기에 해낼 수 있었다.

이후 학회장, 학생회를 준비하며 수백, 수천 명 앞에서 이야기하는 나를 발견했다. 20년 동안 완벽히 '내향적'이었던 내가 '외향적'으로 변해 가는 줄 알았다. 대학 시절과 사회생활 초년까지는 내향적인 성격이 외향적인 성격으로 바뀐 거라 생각했다. 하지만 대학생활과 사회생활을 하며 많은 상황들 속에서 대처하는 내 모습, 책을 읽으며 온전히 나에게 집중하는 시간이 늘어 가며 알게 되었다. 성향이 바뀐 것이 아니라 나는 원래 '외향적'인 사람이었다는 것을. 성인이 되고도 한참의 시간이 지난 후에야 나를 알아본 것이다. 아직 내가 나를 완벽히 알았다 말할 수 없지만 지금의 내가 어린 시절의 나를 돌아보면 극도의 떨림을 가진 '내향적'인 사람으로 보였던 이유를 짐작할 수는 있을 것 같다.

학교에서의 시간을 제외한 대부분의 시간을 골목과

운동장에서 동네 아이들과 함께 하루에도 수십 개의 놀이를 하며 뛰고 소리 지르며 보냈던 나이다. 달리기도 고무줄도, 어떤 놀이도 손가락 꼽힐 정도로 잘해서 편을 나누는 게임을 할 때면 항상 먼저 뽑혀 갔다. 동네 아이들과의 놀이에선 특별한 노력 없이도 인정받았다. 함께 뛰고 노는 것이 너무 행복하고 즐거웠다. 떨림 따위는 있을 수 없다. 목소리도 크고 리더십도 있는 아이였다.

하지만 학교에서 수업을 듣고 공부를 하며 만나는 친구들은 어울려 놀던 동네의 친구들과 달랐다. 그들과 함께 어울리고 싶은데 그러기 위해서 무엇이라도 잘해야 했다. 그 잘하고 싶은 마음, 함께하고 싶은 간절한 마음이 '떨림'이라는 것을 만들어 낸 것 같다. '조용하다, 소극적이다, 내성적이다'라고 말하는, 특히 어릴 때는 그 말의 영향력이 절대적일 수밖에 없는 선생님의 피드백 또한 나를 완벽히 '내향적'인 사람으로 자라게 했다.

나는 사람과의 관계에서 에너지를 얻는다. 나의 에너지는 사람들과의 잘 맺어진 관계로부터 나온다. 어떤 일을 할 때, 혼자일 때보다 함께 할 때 집중력이나 실행력이 높아지고, 같은 결과를 얻더라도 혼자 했을 때보다 함께 했을 때의 성취감이 훨씬 크다. 혼자 하면 학창 시절 시험공부 하듯 지루하기만 하던 일들이 함께 하면 놀이 같아 즐겁고 신이 난다. 그래서 밤새 무언가를 하더라도 내가 좋아하는 사람이 함께하면 금세 기운이 난다. 몸이 피곤해질 수는 있지만 내 속의 에너지는 충만하다.

사람들이 나에게 열정적이고 지치지 않는다고 표현하는 부분에서 일부 공감할 수 있는 것은 휴식보다는 사람과의 관계에서 에너지를 충전시키는 나이기에 동에 번쩍 서에 번쩍 해도 여기저기 흩어져 있는 나의 살아 있는 '에너지 충전소'들 덕분에 방전될 틈이 없다는 점이다(물론 휴식도 당연히 필요하다).

또한 사람에게는 본능적인 욕구가 있는데 그중 하나가 '인정의 욕구'라고 한다. 생존을 위한 원초적인 욕구인 '생리적인 욕구'와 '안전의 욕구'가 충족되고 나면 사람은 당연히 '인정의 욕구'를 추구하게 된다. 사회라는 공간에서 사람과 관계를 맺으며 살아가는 것이 사람이기에, 타인에게 인정받고 싶어 하는 마음은 욕심이라기보다 본능에 가까운 욕구이다. 타인의 인정에 집착해 타인의 시선 안에 나를 가두는 것이 문제인 것이지 나의 발전을 위해 함께하고 그들에게 인정받으며 긍정적인 피드백을 받는 것은 나를 성장시키는 데 좋은 자극이 될 수 있다.

'자기계발'을 통해 궁극적으로 나아가야 할 방향은 '나를 알고 나를 사랑하고 나를 믿는 일'이어야 하는데 나는 있는 그대로 나를 믿고 사랑해 주는 일이 어려웠다. 나를 믿고 사랑한다 생각하다가도 본능적으로 튀어나오는 말과 행동에서 현실을 마주하곤 했다.

'나는 아직 온전히 나를 사랑하지 못하는구나.'

그래서 나는 나를 사랑할 수 있는 기회를 만들어 준다. 스스로를 인정할 수 있는 기회를 만들어 준다. '나를 사랑해야 한다'며 자꾸만 스스로를 다그칠 일이 아니다. 자꾸만 실패하고 포기하는 의지박약 나에게 스스로를 믿고 사랑하라고 하는 말은 '공자 왈 맹자 왈' 하는 고리타분한 말과 다를 바 없다.

글과 말로 '사랑하라', '믿어라' 한다고 해서 되는 일이 아니다. 오늘부터 나를 사랑하겠노라 다짐한다고 해서 되는 일이 아니다. 나에게 나를 사랑할 충분한 시간이 필요하다. 나를 사랑하기 위해선 나에게 기회를 주어야 한다. 내가 무엇이든 해내고, 할 수 있다는 것을 스스로에게 보여 줘야 나에 대한 믿음도 생겨나고 비로소 사랑할 수 있는 마음도 자라난다. 자기 성장을 끊임없이 원하지만 자꾸만 실패하는 사람이라면 타인의 시선과 인정의 욕구를 긍정적으로 이용해 보자.

성장을 위해 이제 막 무언가를 시작해 보려는 사람이라면 함께하기를 권한다. 끊임없이 자기계발서를 읽지만 자신의 삶에 변화가 찾아오지 않는다면 함께하기를 권한다. 무언가를 계속 시도하지만 끝까지 해내지 못하는 끈기 부족의 사람이라면 함께하기를 적극 권한다. 내가 좋아하는 사람들과 함께 어울리며 그들에게서 긍정적인 에너지도 받고 인정받고 싶은 나의 욕구를 이용해, 무언가를 시작해 보려 꿈틀대는 나에게 방법을 마련해 주자.

사람들에게 기대어 보라. 함께하는 힘에 기대어 시작해 보라.

3. 딱 저기까지만 가자

작은 일을 하찮게 여기는 사람은 '성공'할 수 없다.

크고 작은 일도 나누고 쪼개면 작은 일이 된다.

작은 일로 시작해서 꾸준함이 더해질 때 비로소 위대한 결과를 얻게 된다. 나는 그것을 '성공'이라 부른다.

앞서 밝힌 바 있는, 내가 아침마다 외치는 나의 '모닝 선언문' 중 일부이다. 목표는 원대하고 의지도 있지만 자꾸 실패하고 있다면 '될 때까지 해보자' 대신 내가 하고 있는 방법을 조금만 바꾸어 보면 어떨까?

나는 등산을 싫어한다. 하지만 사회생활을 하다 보면 원치 않아도 산을 올라야 하는 경우들이 있다. 친구나 가족들과의 모임이라면 적당히 오르다 핑계를 대고 돌아내려 올 수 있지만 직장에서의 야유회나 내가 책임자가 되어 진행되는 모임에서의 등산이라면 이유 불문 정상에 올라야 한다.

대한민국 많은 사람들이 즐겨 하는 취미이지만 나는 아직 산을 오르는 재미를 모른다. 등산을 좋아하는 분들이 말한다. 땀 흘리고 올라서 정상에서 맞는 바람은 산 아래의 그것과 다르다고. 내가 땀 흘려 오른 산 위에서 내려다보는 내 발아래의 세상은 다르다고. 심지어 아무 맛없는 물이 달콤하다고 하는데 나는 아직 그 다른 맛을 느끼지 못한다.

나에게 산은 그냥 산일 뿐이다. 몇 시간 동안 숨을 헐떡이며 산을 올라 봐야 산 아래서 불던 바람과 바를 바 없고 내 발 아래의 세상도 높은 건물 위에서 내려다보는 세상과 크게 다르지 않다. 물맛도 그냥 물맛이다. 아무 맛이 없다. 힘들게 올라가 그 길로 다시 내려오는 일을 왜 하는지도 모르겠고 산을 오르내리며 보낸 시간도 아깝다. 뿐만 아니라 등산 때문에 피로해진 내 몸을 회복시키는 데는 등산을 하는 시간보다 더 많은 시간이 필요하다. 그 시간 역시 아깝다. 나에게 등산의 목적이나 이유는 없다. 그냥 해야 하니까 하는 것이다. 혼자서는 절대 시도해 보지 않을 일이고 혹여 혼자 시도했더라도 번번이 실패했을 그 산을 나는 언제나 올랐다. 그것도 등산을 즐겨 한다던 사람들보다 빠르게.

등산을 하면 일행 중 누군가는 꼭 질문을 한다.

"정상까지 얼마나 남았나요?"

산 초입에서는 이런 질문을 하지 않는다. 이런 질문을 한다는 것은 곧 힘들고 피곤해졌다는 뜻이다.

"거의 다 왔어요. 5분만 가면 정상이에요."

힘들지만 다 왔다는 말 한마디에 희망을 가지고 다시 전진한다. 하지만 한참을 가도 정상은 보이지 않는다. 내려오는 등산객을 만나면 또다시 묻는다.

"정상까지 얼마나 남았나요?"

"거의 다 왔어요. 조금만 더 가면 돼요."

"아까 지나가신 분은 5분만 가면 된다던데, 한참 더 왔어요."

"진짜 다 왔어요. 저기 보이는 바위만 돌면 정상이 보여요."

등산 경험이 충분한 분들은 약속이나 한 듯 같은 대답을 한다. 저기 바위라면 가볼 만하다. 다시 출발. 하지만 정상은 산을 한참 더 오르고야 도착하게 된다. 하나같이 거짓 답을 던져 주며 지나갔지만 이미 지나가 버린 거짓말

쟁이(?)들의 말은 기억에 남지 않는다. 정상에 오르고 목적지에 도착하면 그걸로 끝이다. 오히려 '다 왔다'라는 그 거짓말 때문에 정상까지 오를 수 있었다. 누군가 '아직 한참 남았어요'라고 답해 주었다면 난 그 자리에서 그냥 포기했을 것이다.

처음 산을 오를 땐 그 말을 철석같이 믿고 올랐다. 몇 번 오른 후에야 산을 타는 사람들은 모두 그렇게 답한다는 것을 알았다. 하지만 이후로도 난 그 대답이 거짓인 줄 알면서도 그 말에 의지해 산을 올랐다.

'5분, 저기 바위만 지나면.'

이 정도 쯤이야 할 정도의 소소한 목표들이 나를 멈추지 않고 걷게 했고 이 소소한 목표가 모여 정상에 이르게 했다. 산 정상 자체가 내가 품은 목표라면 정상에 선 내 모습을 그리며 나아가는 것이 일반적인 목표 달성법이다. 산 정상 자체가 목표이기에 산 위에서 시원한 바람과 발아래의 절경을 즐기는 내 모습을 생생하게 상상하는 것만으로도 꾸준히 걸을 수 있는 원동력이 된다. 하지만 나에게 등산은 그저 해야 하는 일이었다. 그런 나에게 정상 위의 달콤함을 상상하며 등산을 하라는 것은 산을 오르는 데 어떤 도움도 되지 않는다. 그저 멀게만 느껴질 뿐이다. 나는 등산을 하며 단 한 번도 정상 위에서의 달콤함을 생각해 본

적이 없다. 힘든 등산과 높은 정상 대신 '딱 5분', '저 바위'만을 보고 걸었을 뿐이다.

원하는 목표를 이루는 과정에서 예상치 못한 일을 만나는 경우도 있고 원치 않는 일을 해야 하는 경우도 있다. 또 지금 내 상황과 능력에 비해 나의 꿈이 너무 크고 원대해 시작하기 전에 지레짐작으로 포기해 버리는 경우도 있다. 목표에 집중해 원치 않는 일도 목표를 이루기 위한 하나의 과정이라 생각하며 즐길 수 있다면 좋겠지만 보통의 사람들은 그 과정에서 멈추어 버리고, 시작해 보기도 전에 포기한다. 이런 사람들은 '될 때까지'라고 아무리 외쳐 보아도 제자리일 뿐이다.

시간이 지나도 자꾸만 제자리라면 원대한 목표는 잠시 미루어 두고 당장의 가시적인 성과에 집중해 보자. '이런 일 쯤이야' 할 만큼의 작은 목표들을 던져두고 그 목표들에 집중해 보자. 시도하지 못하고 실패하는 나에게 누구보다 냉정한 것은 바로 나 자신이다. 해도 자꾸만 제자리라면 그 마음속에는 부정적 에너지로 가득 차게 된다.

진실이라는 이유로 정상이 멀다 말하며 스스로를 채찍질해 댈 필요는 없다. 기름 떨어진 자동차에 시동만 걸어 댈 것이 아니라 주유소까지 갈 수 있도록 단 한 컵의 기름이라도 부어 주어야 한다. 가끔은 이렇게 나를 응원하고 위로할 수 있어야 한다. '거짓 답'처럼 보이는 일도 필요하다.

저기까지만 가면 된다고 스스로를 응원하면 내 두 발은 자연스럽게 다음 발을 내딛고 있다. 막막한 일 앞에서 그저 '될 때까지'를 외치기보다 눈앞의 작은 목표들을 이루어 내며 스스로 용기 충전하고 방법을 찾는 것이 큰 꿈을 이루는 마중물이 될 수 있다.

하고자 하는 의지는 강하지만 자꾸 실패하는가? 내가 그리는 이상은 원대한데 나의 현실이 너무 미약하다 생각되는가? 지금의 나와 원하는 내 모습의 괴리가 클수록 시작하기는 어렵고, 시도할 수 없는 이유는 많아진다.

세상 어떤 일도 단 한 번의 시도로 해낼 수 있는 것은 없다. 원대한 계획은 잠시 미루고 그 계획을 가장 작은 단위로 나누어 쪼개어 보자. 너무 큰 꿈이라 불가능할 것 같다며 스스로를 위축시키기보다 나누고 쪼개어진 내 눈앞의 작은 일에 집중하자.

누군가는 크게 그려 놓은 목표가 삶의 지도가 되어 주고 나침반이 되어 준다 말한다. 하지만 그것이 지도가 되고 나침반이 되기 위해선 나아가야 한다. 출발하고 움직여야 지금의 자리를 확인할 수 있다. 자꾸만 실패하고 넘어지는 사람에게 지도와 나침반은 그저 짐일 뿐이다. 나침반을 쓰기 위해서라도 일어나야 하고 발을 내딛어 내가 있던 자리를 확인해야 한다. 그리고 움직여야 내 방향의 옳고 그름을 판단할 수 있다. 자꾸만 넘어지는 나에게 나침반을 들이밀며 산 너머 미지의 세계를 상상해 보라 말하지 말고 먼저 일어나 걸을 수 있도록 손을 내밀어 주자. 한 걸음 한 걸음이 모여 천 리 길이 된다.

실패하는 나를 닦달하고 비난하기보다 성공할 수 있는 작은 일들을 맡겨 보자. 5시간의 등산에서 쓸모없을 것만 같은 '5분', '저 바위'가 모여 정상으로 이르게 한다. 당장은 쓸모없어 보이는 작은 일들을 해내다 보면 어느새 원대한 목표를 향하고 있는 나를 발견하게 될 것이다. 어둠이 무서워 떨고 있는 나에게 '할 수 있다'고 응원만 하지 말고, 촛불 하나 쥐여 주자.

딱 저기까지만 가면 된다.

4.
작은 성공을 성취하라, 성공습관 프로젝트

내 삶에는 주인이 없었다. 가치판단의 기준도 모호했고, 삶을 이끄는 주체도 없었다. 물 위에 사뿐히 내려앉아 물이 흘러가는 대로 몸을 맡긴 하나의 낙엽처럼 그저 세상에 몸을 맡기고 살아지는 대로 살아가던 나였다. 그런 내가 삶 속에서 작은 계기들을 만나며 이제야 '나'라는 사람과 마주했다.

나는 아직 나를 정확히 규정짓지 못한다. 내가 어떤 사람인지. 또 어떻게 사는 것이 잘 사는 것인지 정답을 줄 수도 없다. 아무 생각 없이 살아지는 대로 살던 내가 '행복한 삶'과 '꿈' 등에 대해 고민하기 시작했고 내 삶 속에 무수히 많은 질문을 던지기 시작했을 뿐이다. 세상의 잣대로 살며 내 마음의 소리에 귀 닫고 살다 이제야 귀를 열고 내 삶 속에 몸을 웅크리고 있던 '꿈 많은 나'를 발견했을 뿐이다. 이제야 '나'라는 사람에 대해 처음으로 관심을 주며 알아 가는 중이다.

한 권의 책으로 작가라는 타이틀을 얻고, 용기부여가라는 또 하나의 이름을 얻으며 의도치 않은 일들이 생겨났다. 나도 이제야 나를 알아챘을 뿐인데 사람들은 그들의 삶에서 끈질기게 고민해야 할 질문들을 나에게 쏟아 내기 시작했다. 나에게 정답을 요구하는 것은 아니었지만 중요한 힌트 정도는 얻을 수 있을 거라 생각하는 것 같았다. 예전에도 종종 다른 사람들의 고민을 들어 주곤 했지만 이제는 질문의 깊이도 달라졌다. 삶에서 반드시 스스로 깨닫고 찾아야만 할 자신들의 철학적 신념들을 내게 묻곤 한다. 예전의 나라면 보고 들은 풍월로 그럴듯하게 읊어 댔을지도 모르겠다. 하지만 이제는 그럴 수 없다. 말과 글이 사람에게 미치는 힘을 알았고 나의 생각 없는 말 한마디가 누군가의 인생에 의도치 않은 변곡점이 될 수도 있다는 사실을 알아 버렸다.

나에게 던진 질문에 질문으로 되돌려 스스로 생각해 볼 수 있도록 계기를 마련해 주려 하는 편이지만 아직 나에겐 그런 내공 또한 부족하다. 이야기가 길어지고 내 머릿속이 복잡해질수록 그냥 내가 할 수 있는 범위 안에서 답을 주고 해결해 주고 싶은 마음이 불쑥불쑥 생겨나는 것은 아직 고치지 못한 오래된 내 습관이다.

사람들이 내게 묻는 대부분의 고민은 당장 내가 도움을 줄 수 있는 것이 없다. 다만 무언가 시도해 볼 계기는 마련할 수 있겠다 싶어 시작하게 된 것이 바로 '성공습관 프로젝트'였다.

나를 포함 의지박약의 몇 명이 모인 날이었다. 짧은 수다를 뒤로하고 우리의 이야기는 자연스럽게 꿈, 더 나은 나, 미래 등 제법 건설적인 이야기로 주제가 변경되었다. 각자의 노트를 꺼내 들고 갑작스런 'TO DO' 리스트 작성을 했다. (정확히 무엇을 썼다고 말하기는 어렵다. 누군가는 버킷리스트를, 누군가는 계획표를, 누군가는 스스로의 장단점을 쓰고 보완할 방법을 써보는 등 지극히 개인적인 관심사를 써보는 시간이었다.)

대부분의 사람들은 이런 것들을 쓰고 만들어 보는 자체가 고민이라고 한다. 하지만 내가 만나는 대다수의 사람들은 꿈을 말하고 행복을 이야기하는 것이 자연스럽다. 더 나은 내일을 고민하고 무엇을 준비해야 할지 함께 고민하며 이야기 나누는 것을 좋아한다(나의 관심사가 바뀌면서 만나는 사람들이 바뀌기도 했고, 예전부터 만나 오던 오래된 친구들과의 만남에서도 자연스럽게 대화 주제가 변경되었다).

그래서 글로 써보는 것에 대한 어려움은 없다. 하지만 계획은 늘 그렇듯 계획으로 끝나기 일쑤였다. 올해 내가 해야 할 일, 하고 싶은 일들을 빼곡히 써놓고 보니 대안 없는 계획들만 가득할 뿐이었다. 하고 싶은 것들에 비해 따라 주지 않는 한참 모자란 나의 의지와 실행력을 탓하고 있을 때 누군가 자책의 목소리를 냈다. 그리고 나에게 물었다.

"나는 계획은 잘 세우는데 매번 실패해. 반도 이루어 내지 못하는 것 같아. 자꾸 실패만 하니까 내가 못난 사람 같이 느껴지고 그래. 난 왜 이럴까?"

그리고는 나를 향해 질문이 이어진다.

"그런데 넌 어떻게 하는 거야?"

독심술로 내 마음을 읽어 낸 듯 나와 똑같은 생각을 말해 놓고선 나에게 질문을 던졌다. 어이없다 싶을 만큼 황당한 질문이었다. 아마도 출간된 책 때문이리라. 책을 한 권 내고 나니 의지박약이었던 내가 마음먹으면 이루어 내는 사람으로 변해 있었다. 계획이라는 것을 세워놓고 친구와 같은 고민을 하는 내가, 수많은 계획 앞에서 늘 넘어지기만 하던 내가 '작가'라는 타이틀을 얻으며 다른 사람이 된 것이다. 타인의 나를 향한 긍정적인 시선, 그것이 나를 자극하는 순간이었다.

다른 사람들이 써놓은 각자의 목표와 계획들을 하나씩 살펴보았다. 멋진 계획들이었다. 해내기만 한다면 삶의 커다란 '터닝포인트'가 될 것 같기도 했다. 하지만 현실을 잘 아는 나. 거창한 계획을 보고 진심으로 응원하면서도 '이 많은 걸 어떻게 다 하려고?'라는 생각이 함께 들었다. 나나 친구들이나 스스로의 주제파악은 하지 못한 채 목표와 이상은 하늘 끝까지 닿아 있었다. 그렇다고 응원만 하고 시도조차 하지 않을 그 계획을 모른 척할 수는 없었다. 이번엔 뭔가 달라야 했다.

그렇게 작은 성공을 성취하기 위한 모임이 만들어졌다. 계획의 진행 사항을 일정 기간을 두고 주기적으로 확인하기로 한 것이다. 혼자 하면 쉽게 포기하던 것도 함께 하면 다른 사람의 시선이 좋은 감시자가 되어 줄 것이고, 나 아닌 다른 사람들의 성공에 분명 자극을 받을 것이라는 나의 의견에 공감해 주었다.

확인 기간에 대한 이야기가 나오며 서너 달을 주기로 만나자는 의견도 나왔지만 의지박약 우리들에게 분기가 얼마나 길고 긴 시간인지, 매번 시도하고 실패하는 나는 너무도 잘 알고 있었다. 나는 '매일 체크'라는 무기를 꺼내

들었다. 매일의 목표를 정하고 매일 체크하자는 나의 말에 친구들의 표정은 난감해 보였다. 365일 또는 평생이라는 기간에 걸쳐 만들어 놓은 덩치 큰 목표가 하루 계획으로 쪼개지지 않는 모양이었다. 어차피 처음이었다. 늘 계획에서 끝나던 것이 하나라도 성공한다면 그걸로 충분하다 생각했다. 욕심 내려놓고 꼭 이루고 싶은 것 2~3가지만 추려 보라고 했다. 그리고 나의 하루 계획을 먼저 보여주었다.

'영어 두 문장 외우기, 책 3페이지 이상 읽기, 감사일지 쓰기.'

나의 일일 계획을 보고 나니 친구들의 반응이 달라졌다. '이 정도쯤이야' 하는 표정들이었다. 거대한 목표 앞에서 '이걸 어떻게 해?'가 아닌 작은 목표로 쪼개어진 계획을 보며 가볍게 시작해 볼 수 있는 계기가 된 것이다. 이 정도의 계획을 확인하기 위해 따로 만날 필요도 없었다. 우리에겐 핸드폰이라는 좋은 도구가 있었으니까.

나에게도 새로운 도전이었다. 함께하는 대화방에서 '미션 클리어'를 외칠 때면 대단한 일이라도 해낸 것처럼 뿌듯했다. 가끔 바쁜 일로 늦은 시간까지 미션을 해내지 못한 날은 다른 사람들의 '성공'이라는 외침이 자극이 되어주었고 약간의 시간으로 해낼 수 있는 아주 작은 목표가 나를 포기하지 않게 했다. 혼자였다면 '내일부터'라고 쉽게 말했을 것이고 작은 목표로 나누지 않았다면 시도할 생각조차 하지 않았을 나였다. 그렇게 작심삼일을 무사히 넘기고 있었다.

가끔은 1등으로 미션 클리어를 외치고 싶은 마음에 샤워를 하며 영어를 외우기도 했고, 점심을 먹으며 책을 읽기도 했다. 샤워 시간을 이용하고, 밥을 먹는 시간 동안 무언가를 한다는 것은 생각해 보지 않았던 일이다. 이전의 나로서는 상상할 수 없는 위대한 행동들이었다. 소소한 계획이, 1등을 향한 건강한 욕심이 만들어 낸 무의식에 가까운 반사적 행동이었다. 글을 쓰는 지금에야 그것이 변화의 시작임을 알게 되었다(지금 이 글을 쓰며 '성공습관 프로젝트'를 하며 일어났던 나의 변화와 행동들에 놀라고 있는 중이다).

나는 그날을 시작으로 비슷한 모임을 여러 개 더 만들었다. 나에게 좀 더 지속적인 자극을 주기 위해서였다. 모임은 여러 개라도 목표는 같았기에 다른 사람들보다 계획을 포기할 수 없는 이유가 분명했다. 몇 개의 소소한 목표들로 여기저기서 성공을 외치며 '나도 할 수 있구나'라는 믿음을 스스로에게 심어 주고 있었다. 늘 의지박약이라 외치던 내가 '어쩌면 할 수 있는 사람'이 된 것이다.

하지 않는 것보다 한 번이라도 시도해 보는 것이 낫다는 것은 당연한 말이고, 기왕 한다면 더 나은 방법으로 시작하길 권하고 싶다. 여러 개의 모임을 만들고 직접 경험하며 알았다. 아무리 작은 목표라도 무조건 다 이룰 수 있는 게 아니라는 것을.

시작만 하면 모두 다 해낼 줄 알았다. 하지만 사람 사는 일이 어찌 내 마음대로 다 될 것인가? 할 수 없는 날들이 생겨나고, 내가 처한 상황이 자꾸 나를 변명하게 만들었다. 아주 쉽고 가볍게 해낼 수 있는 목표들이었지만 한 번 실패하면 좀처럼 다시 시작하기가 어려웠다. 한 시즌을 끝내고 다음을 기다리며 '다음엔 꼭 성공해야지'라며 남은 날을 포기해 버렸다. 그리고 알았다. 적당히 긴장감 있는 사람들과의 약속이 가장 잘 유지된다는 것을.

친분이 너무 두터운 지인, 가족과의 모임은 핑계 대기가 좋다. 혹여 함께 모여 친분을 도모하는 날이면 단체로 빠지고 함께 침묵하기 딱이다. 애써 설명하지 않아도 이해해 주는 사람들, 상황들. 너도나도 함께 실패했기에 함께 공유하는 실패는 더 이상 실패가 아니다. 부끄러울 것 없고 자극도 되지 않는다. 하루쯤 빼먹어도 눈치 볼 필요도 없었다. 이런 날이 반복되면 집단 의지박약이 되어 버리고 만다. 사람을 모으고 시작하기는 가장 쉬웠지만 끝까지 해

내기가 어려웠다.

이 방법이 좋다는 이야기를 듣고 소개로 모인, 친분이 전혀 없는 사람들과도 이 프로젝트를 진행해 본 적이 있다. 친분이 전혀 없는 사람들과는 강제성 또한 없었다. 누군가 성공했다고 크게 기뻐하지 않았고 실패했다고 위로해 주지 않았다. 한번 실패하면 적당히 눈치 보다 방을 나가면 그걸로 끝이었다. 쉽게 시작하고 쉽게 무너져 버리는 팀이었다.

경험상 가장 잘 유지되고 성공률도 높은 것이 적당히 긴장감 있는 사람들과의 모임이었다. 적당히 친분이 있으면서 삶의 자극이 되어 주는 사람들, 모임 속에 닮고 싶은 사람, 배우고 싶은 사람이 있다면 더없이 좋다. 함께 성장하기를 바라는 마음이 의지할 수 있는 파트너가 되어 주기도 했고 포기하고 싶을 땐 선의의 경쟁자가 되어 주기도 했다. 배우고 닮아 가며, 밀고 좇아가는 사람들의 모임이 가장 좋았다. 할 수 없을 것 같은 상황에서도 한 번 더 도전해 보게 했고, 혹여 실패했더라도 '다음번'으로 미루는 대신 다시 시작하게 했다.

그렇게 나름의 시행착오 끝에 '성공습관 프로젝트'라는 프로그램이 시작되었다. 매일 성공을 외치고 반복되는 성공의 외침으로 나의 무의식에 '나는 성공하는 사람'으로 포지셔닝 시키는 것이다. 나는 이것을 '성공샤워'라고 부른다. 나에게 끊임없이 성공할 기회를 만들어 주고, 성공으로 스스로를 샤워시켜 주는 것. 의지박약 나에게 가장 쉽고 재미있는 방법이었다. 자존감이 떨어진 학생들과의 수업에서 '칭찬샤워'를 통해 자존감 회복 프로그램을 하듯 '성공샤워'를 통해 의지박약인 나를 회복시켜 주고 있다.

사람들의 질문과 그것을 해결해 주고 싶은 '습관적 본능'으로 시작한 작은 일이 문제를 제기했던 사람들뿐 아니라 나까지 변화시키고 있다. 현재 8기를 진행 중인데 생각지도 못한 피드백들도 많이 받았다. 자신의 삶에 가장 큰 '터닝포인트'가 되었다고 말씀해 주신 분도 있었고, 좀처럼 변하지 않던 자신의 삶에 드디어 변화가 찾아왔다고 말씀해 주시는 분도 있었다. 인생의 큰 변화는 작은 변화들이 모여 이루어짐을 확인하는 순간이었다.

작은 성공을 성취하는 일은 나에게 지치지 않는 에너지원이 되고 있다. 작은 목표였기에 용기 내어 도전할 수 있었고 방법 또한 재미있었기에 가벼운 마음으로 다시 시작할 수 있었다. 별것 아닌 것 같았던 소소하고 작은 목표들, 그로 인해 얻은 작은 성공의 성취는 나에게 자신감을 심어 주었고 스스로에 대한 믿음과 확신도 가져다주는 놀라운 결과를 보여 주었다. 어렵고 힘들었던 일은 다시 도전하고 시도하기 어렵다. 혼자서, 역경을 이겨 내며 이루어 내는 것도 의미 있겠지만 기왕이면 함께하는 힘을 통해 게임 하듯 즐기며 좋은 습관을 만들어 보는 것은 어떨까? 때론 소소하고 작은 성공의 성취가 감히 꿈꾸어 보지 못했던 일들을 이루어 내는 기적을 보여 주기도 한다.

5.
반복은 최고의 도전이다

성공습관 프로젝트를 시작하기 전 나름의 예행연습을 통해 꾸준함의 힘에 대해 알았다. 큰일 하나를 해내는 것보다 작은 일을 지속적으로 해내는 것이 훨씬 어렵고 힘들다는 것도 알았다. 한 달에 다섯 권의 책을 읽는 것과 매일 10페이지씩 한 달간 책을 읽는 것(매일 10페이지씩 30일을 읽으면 책 한 권 정도를 읽게 되는 셈이다). 한 달 동안 반드시 이루어야 하는 미션이라면 어떤 것을 고를 것인가?

다섯 권 vs 한 권.

당연히 후자를 선택하는 것이 쉬울 것 같지만, 나에게 선택의 기회가 주어진다면 나는 주저하지 않고 한 달 동안 다섯 권의 책 읽기를 선택할 것이다. 얼핏 보면 책 다섯 권과 책 한 권을 읽어 내는 일처럼 보일 수 있지만 여기에서 가장 중요한 변수는 책의 양이 아닌 '매일'에 있다. 어떤 상황에서도 매일 책을 읽어야 하는 일이 결코 쉽지 않음을 나의 경험을 통해 그리고 함께 성공습관 프로젝트를 했던 메이트들의 경험을 통해 알게 되었다.

사실 나도 처음엔 쉬워 보였고 만만하게 느껴졌다. 시시해 보일 만큼 작은 목표를 매일 하는 것은 특별한 노력이나 의지를 가지지 않더라도 그냥 되는 것인 줄 알았다. 나보다 더 실행력이 떨어지는 사람들에게 하나의 대안으로 제안하며 가볍게 시작했던 일이었다. 그런데 별 생각 없이 시작했던 작은 행동이 나에게 많은 것을 알게 했고 내 삶의 변화까지 가져다주었다.

한 달에 서너 권의 책은 문제없이 읽어 내던 내가 '매일'이라는 변수가 주어진 순간 실패의 빈도가 잦아졌다. 습관이 된 줄 알았던 책 읽기는 여유 있는 시간에 '시간을 때우며 즐기는 취미' 같은 것임을 알게 되었다.

좋은 습관 만들기의 취지로 내걸었던 '매일'이라는 조건이 결코 만만치 않았다. 한 달에 읽던 책이 훨씬 많았기에 한 달에 한 권은 '땅 짚고 헤엄치기'처럼 쉬운 일이라 생각했다. 시시하다 싶을 만큼 가볍게 성공할 줄 알았던 미션이 자꾸만 실패로 돌아갔다. 시간적인 여유가 있을 때 하루를 꼬박 투자해 한 권의 책을 읽어 내는 것은 누구나 할 수 있는 일이다. 누구나 할 수 있는 일을 하며 내가 대단한 사람이 되어 간다고 착각했던 것이다.

진짜 대단한 일은 예상치 못한 일, 돌발 상황에서도 의연히 책을 들 수 있는 것이었다. 함께하는 사람들 덕에 불가피한 일 앞에서도 '그럼에도 불구하고'를 외치며 책을 펴는 날도 있었지만, 계획되지 않은 돌발 상황 앞에서 불가피하다며 시시하다 말했던 그 계획을 실패로 돌리는 날도 많았다. 그런 날이 많아질수록 어쩔 수 없는 상황은 늘어 갔다. 한번 허락된 예외는 다른 모습으로 계속 찾아왔다. 그리고 어느새 불가피한 상황과 불가피하지 않은 상황의 경계가 모호해지는 것을 알았다. 그것은 곧 포기로 가는 길이었다.

사전 시뮬레이션을 거친 후 '성공습관 프로젝트'라는 이름을 걸고 사람들을 모집했다. 처음 1기가 시작되었을 때 사람들이 말했다.

"이런 사소한 것들도 목표로 다 인정해 주는 거예요?"

"이름만 거창하지 미션 내용은 진짜 소소하네요."

약간은 비꼬는 듯한 말투였다. 그도 그럴 것이 사람들이 내건 미션이라는 것이 '물 세 잔 마시기, 영어 한 문장 외우기, 책 5페이지 읽기, 거울 보며 하루 두 번 셀프 칭찬하기, 다섯 줄 글쓰기, 팔굽혀펴기 10개, 감사일지 3가지 쓰기' 등 그 내용만 보면 정말 사소한 것들이었다.

"네, 일단은 아무것도 하지 않던 사람들이 무언가를 시작한다는 것에 의미를 두기로 했어요. 처음이니까 기왕이면 많은 사람들이 즐겁고 쉽고 성공했으면 좋겠어요. 계속하다 보면 습관이 될 테고 나중엔 더 큰일들도 하겠죠. 지금은 많은 분들이 성공 체험을 하는 게 중요한 것 같아요. 그래서 소소하게 시작하려고요."

처음은 정말 이 마음이었다. 시작이었기에 최대한 가볍게, 모든 사람들이 즐기듯 해내고 매일 성공을 외치면서 스스로에게 성공의 기회를 주고 달콤한 성취감을 느껴 볼 수 있길 바랐다. 멤버도 좋았다. '꿈'이라는 단어가 낯설지 않은, 서로의 꿈을 응원하고 이루도록 돕는 '청춘 도다리'라는 모임의 사람들이 함께했다. 그곳에 있는 사람들은 자기계발에 관심이 많았고 자기 성장 욕구도 강한 사람들이었다.

2~5개 정도의 미션을 가지고 30일간 진행했던, 비교적 가볍다 생각한 '성공습관 프로젝트' 1기. 소소한 목표를 내건 24명의 '성공메이트'가 서로를 응원해 주고 때론 감시자가 되어 주기로 약속하고 의지를 불태우며 1기가 시작되었다. 처음이기에 모두 성공하기를 바라는 마음은 모두

비슷했을 것이다. 내가 본 목표들도 대부분 무난했고, 멤버도 최강이라 생각했기에 대부분의 사람들이 성공할 줄 알았다. '전원 성공'을 바랐던 마음에 미션 선정에도 크게 제한을 두지 않았다.

습관을 만들기 위해 '100일 프로젝트'를 많이 진행하지만 처음부터 100일을 해내기엔 무리라 생각했다. 그래서 가볍게 시작하는 마음으로 기간도 30일로 대폭 줄였다. 나는 대놓고 '모두 성공하세요'라는 마음으로 만든 프로그램이었다. 하지만 나의 예상은 빗나갔다. 많은 사람들이 시시하고 소소하다고 했던 이 프로그램에서 미션을 성공해낸 사람은 단 7명뿐이었다. 사전 경험으로 '꾸준함의 대단함'을 이미 알고 있다 생각한 나도 예상치 못한 결과였다.

1기가 진행되며 이것은 '습관 만들기'의 좋은 모델이 되기도 했지만 사람들 사이에서 공통의 대화 주제가 되기도 했다. 친하지 않았던 사람들과 매일 응원하고 소통하는 것만으로도 묘한 친밀감을 느끼게 해 친분을 쌓을 수 있는 계기가 된 것이다. 사람들이 모이면 그 속엔 언제나 '성공 습관 프로젝트' 팀이 있었고, 만나면 서로를 응원하는 모습에 호기심으로 발을 담그는 사람들도 생겨났다.

이후 모집한 2기, 3기, 4기는 공지를 한 당일 신청자가 30명이 넘어서며 당일 마감을 해야 할 만큼 인기 프로그램이 되었다. 처음 1기를 시작할 때 소소하다, 시시하다 했던 분들도 사람들의 입에서 자꾸만 오르내리는 이야기가 궁금했는지 하나둘 함께하기 시작했다. 별거 없다, 시시하다 말했던 사람들도 직접 해보고 나서야 '별거 아닌 일'이 '별것'이라는 것을 알게 되었다.

혼자서 같은 목표에 도전하고 멈추기를 반복했다면 그냥 '작심삼일'이라는 말로 끝났을 정말 사소한 일이다. 하지만 '성공습관 프로젝트'라는 타이틀이 걸리는 순간 '도전'이 되고 이루어 내야 할 '목표'가 되었다. 또한 함께하는 사람들이 서로를 지지하고 자극하며 훌륭한 성공메이트가 되어 주었다. 함께하기에 서로를 인정하고 손뼉 치며 더 큰 기쁨을 누릴 수 있었다. 그리고 누적되는 매일의 성공을 바라보며 스스로를 인정하고 믿어 주는 일은 그 어떤 것보다 가치 있는 것이었다.

누군가는 의문을 품을 수도 있다. 무언가를 시도하고 해내는 것이 의미 있는 일이라는 것은 알겠지만, 훨씬 더 큰 꿈을 꾸고 원대한 미래를 그리는 사람에게 과연 이 작고 시시한 일들에서 어떤 의미를 찾을 수 있을까?

큰 꿈도, 원대한 미래도 그 처음은 작은 일을 시작하는 것에서부터 출발한다는 것을 인지해야 한다. 그리고 그 작은 일을 멈추지 않고 해내는 행동을 통해서만 원대한 목표를 이루어 낼 수 있다. 한 알의 모래 쌓기를 멈추지 않는다면 한 알의 모래는 태산을 만든다. 태산을 쌓기 위해 필요한 것은 대단한 행동이 아니라 한 알의 모래를 옮기는 행동을 반복하는 것이다.

작은 일의 대단한 결과, 사실 나도 성공습관 프로젝트를 진행하며 이 책을 쓰고 있다. '매일 한 장 이상 글쓰기'라는 나의 목표를 사람들에게 선포해 두고 나를 자극한다. 다섯 줄의 글이 한 장이 되었고 한 장 쓰기를 반복하며 '책'을 만들고 있는 것이다. 어떤 것이어도 좋다. 습관으로 만들고 싶은 일, 내가 꾸는 꿈을 아주 작게 시작해 보라.

'1페이지 책 읽기, 윗몸일으키기 5개, 영어 한 문장 외우기'

이보다 더 사소한 것도 좋다. 시시하다 느껴질 만큼 작은 목표로 시작하고 그것을 반복하라. '꾸준함의 대단함'을 직접 발견하고 느껴 보길 바란다. 그리고 그것이 체화되는 순간 알게 될 것이다. 멈추지 않고 나아가기만 한다면 그 끝에 내가 그리는 대단한 것이 있다는 것을.

몸에 배지 않은 행동을 일정 기간 동안 반복하는 행

위는 그저 '한다'라고 표현하기엔 나에게 부족함이 느껴지는 단어이다. '해낸다', '이루어 낸다'라고 표현해야 할 위대한 행동이다. 내가 반복적으로 하는 행동, 그것이 바로 '나'이다. 즉 나는 행동이 아니라 '습관'이 만들어 낸 결과이다. 실패했더라도 다시 도전하라. 멈추지 않고 다시 도전하는 것, 그리고 그것을 반복해 내는 일, 그것이 내가 만난 최고의 도전이다.

Action

좋은 습관 만들기, '성공습관 프로젝트'

작은 일로 삶의 변화를 가져오고 싶다면, 의지박약 나라서 매번 계획했던 일에 실패한다면 주위 사람들과 가볍게 시작해 보길 권한다. 목표는 소소하고 작을수록 좋다. 도전해 보라.

아래는 저자가 진행했던 '성공습관 프로젝트'의 방법을 공유하는 것이니 이대로 진행해도 좋고, 본인의 스타일로 변경해서 시작해도 무방하다. 시도해 보는 것과 하지 않는 것은 성공과 포기의 차이만큼 크다. 꼭 한번 도전해 보고 스스로에게 충분한 '성공샤워'를 시켜 주길 바란다.

목적

1. 무의식에 '성공' 씨앗 뿌리기(성공샤워)
2. 긍정적인 강제성 부여하기
3. 함께하는 힘을 통해 지속적인 자극 받기(인정 욕구 해결)
4. 좋은 습관 만들기

비용

1. 친구나 가까운 지인과 시작한다면 일정 비용을 받는 것을 추천
2. 금전적 강제성이 관계의 강제성을 대신해 줄 수 있음
   (저자는 멤버의 탁월함으로 1, 2기 후 참여 비용 없애고 무료 진행 중)

방법

1. 30일간 30회 누적 미션 수행 시 '성공'으로 간주
2. 각자 미션 선정(2개 이상)
3. 매일 미션 수행 여부 체크
   (단체채팅방 이용 추천, 일일 미션 수행 시 '성공'을 외치고 각자의 마음가짐, 느낌 등을 공유, 인용문구 등을 이용해도 좋음. 이 사소한 행동이 타인에게 좋은 자극이 되기도 함. 사진이나 일상에서 발견한 좋은 응원의 글들로 대체하고 '성공'을 외쳐도 무방.)
4. 하루라도 미션 실패 시 1일로 리셋
   (30일 동안 아무도 성공하지 못한다면 30일 누적 성공자를 기다려도 되고, 시즌 1을 마감하고 새로운 시즌을 시작하는 것도 좋음)
5. 미션 내용을 기록으로 남기기.
   (블로그, 노트 등 가장 편한 방법으로 매일 자신의 상태와 느낌 등을 남겨 기록)

Action

〈 미션 선정 시 주의사항 〉

정량적 미션, 수치화된 미션으로 선정할 것
(정성적 미션은 주관적 판단으로 성공 여부 결정됨)

ex 1) 책 20분 읽기 대신 책 5페이지 읽기로 미션 선정
→ 책을 펴놓고 잠시 딴 생각을 하면 20분이라는 시간이 금방 지나갈 수 있다. 이것은 성공일까?

ex 2) 운동 30분 대신 동네 3바퀴, 아파트 7바퀴, 줄넘기 300개, 스쿼트 100개 등 구체적 미션 선정
→ 운동을 핑계로 집 밖을 나갔다 산책하듯 30분을 걸었다. 이것은 성공일까?

ex 3) 다른 사람에게 친절하게 대하기 대신 하루 5명에게 칭찬하기로 미션 선정
→ 친절의 성공 여부는 어떻게 판단할 것인가? 수치화된 미션이 필요.

이상은 그동안 프로젝트를 진행하며 미션 선정 시 가장 많이 실수한 부분을 써놓은 것이다. 정해진 방법은 없다. 참고하여 각자의 방법으로 '게임' 하듯 즐겁게 시작해 볼 것을 권한다(저자는 미션으로 일일 A4 한 장 이상 글쓰기로 이 책을 쓰고 있다).

V

결정적 성장

1. 내 인생 최고의 멘토를 만나다
2. 삶이 행복해지다, 인생을 바꾼 네 권의 노트
3. 핑크빛 안경, 버츄를 장착하다
4. 쓸모없는 경험은 없다, 콩나물시루 효과
5. 평범한 일상, 소소한 터닝포인트
6. 나를 성장시키는 것은 '용기'다

〈Action 1〉 과거와 미래를 보는 기록: 가치노트 & 성장일기

〈Action 2〉 실패만 반복하는 사람을 위한 목표 설정법

1.
내 인생 최고의 멘토를 만나다

많은 책을 읽으며 나는 성공의 비법을 알았다. 책은 말했다. 성공하고 싶으면 성공을 원하는 분야에서 최고의 위치에 오른 사람을 배우고 똑같이 따라 하면 비슷한 모습이 될 수 있다고. 꿈을 이루고 싶다면 꿈을 이룬 사람을 공부하면 된다고. 롤모델을 정해 놓고 그 사람의 말과 행동에서부터 일상의 사소한 일들까지 따라 해 뼛속까지 그 사람이 되어 보라고 말해 주었다.

책에서 친절하게 방법을 알려 주었음에도 나는 책이 말하는 '성공'이라는 것에 이르지 못했다. 그럴 수밖에 없는 것이 성공한 사람의 인생을 따라서 살아 보려면 그 사람이 살아온 만큼의 인생을 내 인생에 투자해야 하는데 그렇게 사는 것이 불가능했다.

기억이 있는 어린 시절부터 지금까지 내가 존경하는 인물은 상황과 환경에 따라 언제나 변했다. 영화 한 편으로 이순신을 존경한다 말했다가 친구의 입에서 나온 '테레사 수녀'라는 말이 멋있어 보여 나의 롤모델은 그때부터 '테레사 수녀'가 되었다. 그렇게 세종대왕에서 서태지, 마틴 루터 킹, 이덕무, 스티브 잡스, 버락 오바마, 정조 등 나의 멘토는 수없이 버려지고 다시 세워졌다.

내 마음을 울린 책, 영화, 다큐, 기사 등을 보고 나면 나의 멘토는 또 바뀌었다. 뿐만 아니라 다른 사람의 입을 통해 그들이 멘토를 삼은 이유를 들을 때면 그 이유가 정말 멋있는 경우가 많았다. 그 대답이 그럴듯해 보인다는 이유로 또 멘토가 바뀌던 사람이 나였다. 지금은 대통령이 된 문재인이 당신의 멘토로 '이덕무'를 꼽았는데 그 이유를 듣고 그 시간부로 나의 멘토도 이덕무가 되기도 했다.

나는 소위 말하는 '팔랑귀' 중에서도 '슈퍼 팔랑귀'였다. 이런 내게 지금까지 존경했던 인물을 글로 모두 써보라고 한다면 나는 아마도 종이 두세 장은 가뿐히 써낼 수 있을 것 같다. 존경의 이유도, 따라 해야 할 목적도 불분명했던, 그저 멋있게만 보였던 지난 시간의 수많은 멘토들.

존경하는 인물은 누구인가? 장래 희망은 무엇인가?

초등 입학을 하면서부터 매해 무슨 공식인 듯 들어왔던 질문이다. 물어보니 나는 답을 할 뿐이었다. 귀동냥으로 들었던 다른 사람들의 이야기에 기대어. 중 · 고등학교 시절이라고 예외는 없었다. 언제나 물어보는 존경하는 인물, 인생의 멘토. 심지어 취업을 위한 면접에서도 단골 질문으로 등장했다. 사실 깊이 있게 생각해 볼 틈도 없었다. 나에겐 '답정너' 같은 질문이었다고 해야 할까?

나의 멘토이지만 질문에 대한 패는 언제나 상대가 쥐고 있었고 나는 상대가 원하는 답을 예측해서 말할 수밖에 없었다. 상황에 따라, 질문자에 따라 유연하게도 멘토들을 바꾸어 쓰던 나였다. 내 삶을 흔들어 놓을 만한 진짜 멘토를 만난 적이 없음에도 불구하고 세상을 잘 살아가기 위해서는 꼭 멘토가 있어야 한다고 말하는 것 같았다. 그렇게 강요된 멘토, 학습된 멘토를 이리저리 옮겨 타며 나는 어른이 되었다. 돌이켜 생각해 보니 이렇게 쉽게 멘토 갈아타기를 할 수 있었던 이유는 단순했다. 나에겐 멘토에 대한 정확한 정의가 없었다. 내 인생 최고의 멘토를 만나기 전까지는.

지금의 나에겐 많은 스승이 있다.

내가 스승이라 부르니 '그런가 보다'라고 생각하는 사

람도 있을 테고, 내가 미처 내색하지 않았기에 내가 스승으로 생각하는지조차 모르는 사람들까지. 어린 시절 존경하는 사람이 넘쳤던 것만큼 지금의 나에겐 스승과 멘토가 많다. 평생 마음에서 우러나는 '멘토'는 만나지 못할 줄 알았던 나인데 이제는 눈을 돌리고 손을 뻗으면 언제 어디서나 만날 수 있는 스승들이 있으니 그저 감사하고 감사한 일상일 수밖에 없다.

내 인생 최고의 '터닝포인트'인 내 인생 최고의 멘토를 만나고 난 후 스승을 만날 기회가 많아졌다. 인생의 멘토를 만남으로 머리에만 가득했던 '그저 아는 것'에 지나지 않았던 것들이 훅 하고 가슴으로 흘러 들어오는 것을 느꼈다. 그렇게 나의 멘토는 자신의 삶을 통해 많은 가르침을 주었다. 나의 멘토는 그 무엇도 강요하지 않았다. 천천히 자신의 삶을 통해 깨닫게 했다.

반복되는 일상을 지겨워하던 내게 멘토는 어제와 같은 오늘이 얼마나 감사한 일인지를 알게 해주었다. '이것만 해내면, 저기까지만 가면'이라며 행복해지기 위해 노력하는 나에게 멘토는 행복을 위해선 그 무엇도 필요하지 않다는 것을 알려 주었다. 예의 없는 사람, 죄를 짓는 사람, 지저분한 사람 등을 만나면 나도 모르게 눈살을 찌푸렸던 내게 멘토는 편견 없이 세상을 바라보는 법을 가르쳐 주었고, 세상에 존재하는 모든 것은 귀하다는 것을 알려 주었다.

하늘에서 내린 '건강 복'을 받았다 믿는 나, 태어나 병원 한번 가본 적 없었기에 입으로만 건강이 중요하다 말했다. 그런 나에게 멘토는 세상 무엇보다 귀한 것이 '건강'이라는 것도 알려 주었다. 내 멘토는 미래와 현재를 오가며 갈팡질팡하던 나에게 '지금'이라는 시간에 집중할 수 있게 해주었고, 떠들기 좋아하던 나에게 다른 사람의 이야기에 귀 기울이는 법도 알려 주었다. 세상 쓸모없는 경험은 없다는 것도, 배움의 즐거움을 알게 해준 것도 바로 나의 멘토였다.

2014년 8월, 나는 멘토를 만났다.

처음 이 멘토를 만났을 땐 이 사람이 나의 멘토가 되어 줄 거라 예상치 못했다. 오히려 내가 가르쳐야 할 존재라고 생각했다. 하지만 만남이 깊어지고 멘토가 성장해 갈수록 내가 함께 성장하고 있음을 알아차렸다. 결정적인 순간에 발동한 선택장애와 의지박약을 깨부수도록 도와준 것도 바로 이 멘토였다.

사람이 오랜 시간과 노력으로 일군 것을 포기하기란 쉽지 않다. 아닌 걸 알면서도 지금까지 해왔던 노력과 시간 때문에 그것을 포기하는 것은 나의 존재를 부정하는 것처럼 느껴질 때가 있다. 나에겐 직장이 그랬다. 14년을 다녀 온 회사. 나는 그 회사를 버리고 나면 나를 설명할 길이 없었다. 오답인 걸 알면서도 나의 존재를 부정당하는 것 같아 14년 동안 해오던 한결같은 고민에 14년째 같은 답을 내리고 있었다.

나의 멘토는 역시 내 인생 최고의 사람이다. 나의 고민을 단번에 해결해 주었다. 그저 종이 한 장일 뿐이라는 것을 알게 해주었다. 나는 가벼운 마음으로 사직서를 냈다. 나는 전혀 다른 새로운 삶을 살기로 했다. 그리고 더 큰 행복을 만났다. 역시 인생 최고의 멘토였다. 다음 책은 내 인생 최고의 멘토 이야기를 쓰고 싶다 생각이 들 만큼 나눌 것이 차고 넘치는 사람이다.

내 인생 최고의 멘토를 만남으로 세상을 향한 눈이 바뀌었고 삶의 가치관이 변했다. 성장하고 변하기를 바랐지만 어떠한 변화도 얻지 못했던 내가 이제야 자라고 있음을 느낀다. 그저 재미만 좇으며 머리 아픈 생각은 사양한다던 내게 멘토는 묻는다. 내가 진짜 원하는 것이 무엇인지, 어떤 삶을 살기를 원하는지.

멘토가 나에게 던지는 끊임없는 질문과 행동으로 보

여 주는 진실한 삶이 나를 성장하게 한다. 내 인생 최고의 멘토를 만난 것, 내 삶의 기적이 시작된 순간이다. 세상에 존재하는 모든 것들에서 고유의 가치를 찾아내길 좋아하며 나에게 '가치발현가'라고도 불리는 그녀, 김규림.

내 인생 최고의 멘토는 바로 내 아이이다.

2.
삶이 행복해지다, 인생을 바꾼 네 권의 노트

내 인생 최고의 멘토를 만남으로 내가 미처 알지 못하던 세계의 문이 열렸다. 아무런 준비나 계획 없이 아이만 덜컥 낳고 보니 나의 모든 행동은 언제나 서툴고 낯설기만 했다. 알아야 할 것도 배워야 할 것도 너무나 많았다. 난 또 책을 집어 들었다. 글로 육아를 배웠다. 제대로 키워 보겠다며 닥치는 대로 읽어 낸 육아서를 통해 아이를 키워 내는 일에도 여러 길이 있음을 알았다. 엄마는 그저 밥을 먹이고 재우기만 하면 되는 사람이 아니다. 한 사람을 온전하게 자라게 하는 것, 세상에 쓰임 있는 사람으로 키워 내는 것, 그것은 하나의 우주를 세상으로 내어놓는 일이었다.

한참을 책에 맹목적인 믿음 가졌던 나, 다양한 육아법 중 단연 내 마음을 끈 것은 '책 육아'였다. 책을 많이 읽어 주기만 하면 될 줄 알고 대책 없이 책을 사들였다. 몇 줄 되지 않은 책을 아이에게 읽어 주는 일은 쉬울 것 같았다. 하지만 단순하고 반복적인 행위를 싫어하는 나인데 아이 마저 흥미를 느끼지 못하고 있다는 것을 알아차리고는 다시 육아 서적을 집어 들었다.

책장 앞에서 육아서적과 독서법에 관한 책들을 고르다 예전 독서모임에서 읽었던 책들에 눈이 갔다. 책을 뽑아 스르륵 넘겨 보는 것만으로도 기분이 좋아졌다. 인덱스가 붙어 있고, 여기저기 밑줄이 그어진 책들, 나의 생각과 메모가 남겨진 부분들에선 잠시 멈추어 읽어 보기도 했다. 다른 사람의 생각을 옮겨 놓은 글들도 있었다. 어떤 글에서 수년 전 독서모임을 하던 그때의 모습이 생생하게 그려지기도 했다. 장르를 불문하고 어떤 책도 재미있게 읽고 쉽게 풀어 주신 회원들 덕분에 멀게 느껴지기만 했던 책과 한층 가까워질 수 있었던 나의 소중했던 독서모임을 회상하다 문득 한 분의 이야기가 떠올랐다.

"혜정 씨, 나중에 아이 낳으면 꼭 '하브루타'*를 배워

* 하브루타: 하베르(짝)와 질문하고 대화하고 논쟁하며 생각의 크기를 키우고 다층적 지식을 통해 문제해결법을 배우는 유대인의 전통적 토론 교육 방법.

봐. 아이와 관계가 힘들던 우리 와이프가 그걸 배우고 많이 좋아졌어. 아이와 엄마를 위해서 모두 좋은 것 같아."

그렇게 나는 '하브루타'의 세계로 입문했다. 좋은 엄마가 되기 위해서 시작한 하브루타는 그동안 내가 얼마나 편협한 시선으로 세상을 바라보았는지 알게 해주었고, 좁은 생각에 갇혀 나만의 편견으로 세상을 만나고 있음을 알게 해주었다.

나만의 작은 우물 속에서 하늘을 올려다보며 '하늘은 둥글다' 외치는 나를 조용히 우물에서 건져 올려 진짜 세상을 바라보게 해주었다. 그 순간의 충격과 놀람은 이루 말로 표현할 수가 없다. 마치 '의'라는 글자 하나 이제 막 배운 꼬맹이가 공자를 앉혀 놓고 '의'를 가르치며 세상을 논했던 것 같은 기분이었다고 해야 할까? 방망이로 뒤통수를 제대로 맞은 느낌이었다. 생각 없이 입에서 나오는 대로 거침없이 떠들어 대던 지난 시간들이 부끄러웠다.

나는 그렇게 하브루타를 만났고 1년이 훌쩍 넘은 이제야 천천히 삶으로 녹여 가는 중이다. 하브루타의 시작과 배움의 과정은 또 하나의 책이 될 수도 있을 만큼 나에겐 중요한 '터닝포인트'가 되어 주었다. 글쓰기에 대한 내공이 좀 더 탄탄해지면 언젠가 한번 도전해 보고 싶은 주제이지만 지금은 시중에 나와 있는 좋은 책들을 먼저 읽어 보길 권한다.

충격과 놀람으로 시작된 하브루타가 배움으로, 지식으로 머릿속에 자리를 잡는 것은 그리 오랜 시간이 걸리지 않았다. 초급 과정만으로 '수업할 수 있겠다' 생각했었으니까(건방진 생각이었다). 하지만 좀처럼 내 삶으로 들어오는 것 같지 같았다. 하브루타를 배우며 단어 하나, 글 한 줄을 붙잡고 늘어지기 일쑤였고 때로 제목 하나로 한참의 시간을 보내기도 했다. 책 읽는 속도가 현저히 떨어졌다. 하브루타를 배우기 시작하고 몇 달간은 책 한 장을 넘기기가 힘들었고, 사람들의 말, 세상에 흩어져 있는 글에서 말꼬투리를 잡고 늘어지는 나를 발견했다. 이것도 일종의 명현현상이었으리라.

머리에는 가득하나 삶으로 녹여내지 못하는 나를 탓하며 혼자 고민을 하다 우연히 쓰게 된 감사일지와 하브루타 선생님께 전해 들은 '질문노트'가 내 삶의 새로운 길을 열어 주었다. 오랜 시간 말로만 들어왔던 감사일지.

주위 사람들 중 몇몇 분들이 쓰고 있었는데 그저 매일 일어난 일에 감사하다 쓰기만 하면 된다고 했다. 그것만 하면 삶이 변한다고. 난 이미 삶에서 일어나는 일들에 충분히 마음으로 감사하고 있다 생각했다. '이미 다 지나 버린 시간들에 대해 감사하다고 쓰기만 할 것을 왜 하는 거지? 과거를 바꿀 수 있는 것도 아닌데'라고 하면서도 뜻하지 않았던 계기, 우연히 생긴 노트, 여유 시간이라는 삼박자가 맞아떨어지며 나의 감사일지는 시작되었다.

처음 그날의 감사를 손으로 써보고 난 후의 기분은 묘했다. 누군가 극단적으로 표현했던 '세상에는 감사일지를 쓰는 사람과 감사일지를 쓰지 않는 사람으로 분류된다'라던 말이 무슨 말인지 알 것 같았다. 평범하고 무던한 일상이 반복되고 있다 생각했다. 감사일지를 쓴 첫날 알아 버렸다. 평범했던 그날이 나에겐 특별한 하루였다는 것을. 늘 보고 만나는 사람들, 일상의 감사를 글로 써내려가며 알았다.

'이래서 다들 감사일지를 쓰라고 하는 거구나.'

감사일지는 나의 기억을 재편집하는 시간이었다. 자칫 평범하다 느낄 수 있는 하루가 감사일지를 통해 특별한 날로 기록되었다. 나의 하루에 감사할 일이 넘쳐 나는 것을 쓰면서 알게 되었고, 내 삶에 대한 만족도도 높아졌으며 행복한 일도 늘어났다. 어제와 별다를 것 없는 일상의 반복 또한 얼마나 감사한 일인지 감사일지를 쓰며 깨달았다.

오늘의 감사에서 미래의 감사까지 함께 쓰며 나의 내

일과 더 먼 훗날도 상상해 볼 수 있는 시간이었다. 그렇게 나는 감사일지를 쓰기 시작하며 작은 행복이라는 세상의 문을 열었다. 행복과 기쁨으로 쓰던 감사일지는 내가 책 쓰기를 시작하며 잠시 소강상태에 들어갔다. 책을 쓰기 시작하며 책을 통해 감사와 행복을 충분히 써냈으니 그것 또한 하나의 감사일지였다.

내가 성장하길 원하듯 감사일지도 성장하길 원했던 것일까? 감사일지가 성장할 기회가 찾아왔다. 감사일지에 다 담지 못했던, 감사일지의 아쉬웠던 부분을《유레카 NLP》의 저자 강범구 작가님을 만나며 채울 수 있었다.

나는 평범했던 감사일지의 이름도 '성장일기-21일의 기적'이라는 더 멋진 이름으로 바꾸어 주었다. 감사일지는 오늘의 감사와 미래의 감사 두 파트로 나누어 썼던 것에 반해 '성장일기'는 두 파트가 더 추가되었다. 그것은 나의 마음을 안아 주는 '용서일기'와 일상에서 내가 새롭게 발견한 '유레카 일기'였다. 용서일기는 타인으로 인해 생겨난 내 마음속의 불편함이나 화 또는 스스로의 약속을 지켜내지 못해 나를 질타하는 마음 등 하루를 지나오며 내 마음에 생겨난 작은 상처들을 안아 주는 시간이 되었다.

나는 타인에겐 관대하면서 나에겐 인색했다. 잘한 99

가지의 일보다 해내지 못한 1가지의 일에 집중해 스스로를 질타하기만 하던 나였다. 하지만 성장일기가 계기가 되어 온전히 세상만을 향하고 나에겐 채찍질만 가하던 내가 일기를 쓰는 잠깐의 시간 동안만이라도 나를 돌아보고 용서하며 안아 주고 있었다. 내가 나를 용서하고 나를 사랑해 주는 일, 내가 하는 모든 일 앞에 우선순위가 되었어야 할 일이었다. 그렇게 나는 나를 조금씩 용서하고 응원하며 믿음을 만들어 가기 시작했다.

꾸준한 '성장일기'의 결과일까?

완전히 무뚝뚝하고 핏속까지 경상도 사람인 내가, 가족에게조차 감정표현은커녕 손잡는 것도 어색해 하던 내가 다른 사람들을 안아 주기 시작했다. 그리고 가장 놀라운 변화. 나에게 사랑한다 말해 주기 시작했다. 아직은 낯설고 어색하지만 나와의 두근거리는 첫사랑은 이미 시작되었다.

처음 '성장일기'의 포맷을 받아 들곤 어떻게 써야 할지 몰라 난감했다. 구색을 맞추고 싶어 썼다고 말하는 게 맞을지도 모르겠다. 감사일지를 성장일기로 업그레이드시키고 난 후, 한동안은 특별한 경험이나 책을 통해 얻은 새로운 지식들을 남기곤 했다. 꾸준한 반복은 실천 방법을 알려 주었다. 어느새 일상에서, 감사에서, 용서에서 새로운 깨달음을 발견하게 되었다.

나중에 알게 된 사실이지만 이 난해한 '유레카 일기'를 쓰기 위해 나는 나의 하루를 더 깊이 들여다보고 있었다. 이후 인터넷을 통해 더 자세하게 나누어진 일기들도 발견했지만 그 이상은 나에게 일이 될 것 같았다. 과하지 않으며 나의 하루를 충분히 돌아보고 미래를 상상하게 하는 '성장일기'가 나에겐 딱이었다. 마흔을 앞둔 어느 날, 나는 '성장일기'를 쓰며 일기와 함께 이제야 성장하고 있다.

내 삶을 행복하게 만든 세 번째 노트는 앞서 이야기했던 '질문노트'였다.

하브루타가 좋다는 것도 충분히 알았고 사람들과 나누고 싶었다. 하브루타 수업이 해보고 싶었다. 더 많이 배우고 느껴 내 것으로 만들고 싶은데 좀처럼 삶으로 들어오는 것 같지 않아 '질문노트'를 시작했다. 질문노트는 '복잡한 생각과 고민은 노, 단순 심플한 삶 예스'를 외치던 나에게 본질을 보게 하고 깊이 있는 시각을 가지게 해주었다.

지금 내가 사물의 본질을 꿰뚫어 볼 수 있는 통찰력 있는 안목을 가지게 되었다는 이야기가 아니다. 전혀 관심 없었던 것들에 관심을 가지게 되었고 좀 더 깊이, 그리고 제대로 보기 위해 최소한의 노력은 하게 되었다는 이야기이다. 아직 갈 길이 멀다. 나는 더 많은 생각과 질문을 던져야 한다.

'질문노트'를 쓰는 방법은 단순했다. 사물, 단어, 문장, 속담, 노래 무엇이든 상관없었다. 그저 하브루타를 내 것으로 만들고 싶어 숙제처럼 시작했던 질문노트였다. 매일 내 눈에 띈 하나를 붙들고 그것에 질문을 던져 보는 것이다.

이전까지의 난 책을 읽고 대화를 해도 그저 읽고 들을 뿐이지 질문을 던져 본 적이 없다. 평생 질문과 멀리 떨어져 답만을 좇으며 살던 내가 질문노트를 쓰는 것은 쉽지 않은 일이었다. 노트가 가방에 있어도 무게감 없고 작았으니 지속할 수 있었지, 불편함이 느껴질 정도의 무게나 크기였다면 그것을 이유로 가방에서 방출되었을지도 모를 노트였다.

이 또한 처음이 쉽지 않았던 것이 사실이지만 이것 역시 반복을 통해 익숙함이 오는 시점이 있었다. 5개의 질문을 만드는 것도 쉽지 않았던 내가 가끔씩은 사소한 물건 하나, 단어 하나를 두고 수십 개의 질문을 만들기도 했다. 천천히 이런 '가끔'의 날이 늘어 갔다. 무언가 홀린 듯 질문이 쏟아지는 날에는 재미가 느껴지기도 했다. 그렇게 나는 '질문'이라는 것을 내 삶 안으로 들여놓고 있었다. 사물, 단어와 글을 향했던 질문이 어느새 나를 향하고 있었다.

질문들이 나를 향하는 순간 머릿속은 영화를 몇 배속으로 되돌려 보기 하듯 내 인생을 돌아보게 했다. 지나간 과거는 끝, 오늘에만 집중하던 나에게 과거의 시간을 통해 시행착오를 줄이고 경험을 통한 배움이라는 카드를 꺼내 들게 했다. 그렇게 나는 또 한 걸음 성장의 길로 발을 내딛었다.

사실 질문노트는 성장일기처럼 꾸준히 쓰지는 못했다. 하지만 늘 가방 속에 있었기에 자투리 시간이 생기거나 사람을 기다리는 시간에 꺼내 쓰면 시간이 어떻게 가는지 모를 정도로 몰입하게 하는 마법의 노트였다. 꺼내서 펼치기까지가 어렵지 막상 꺼내 펼쳐 쓰기 시작하면 1~2시간은 그냥 흘렀다.

감사일지가 성장일기로 발전했듯 질문노트도 이내 성장의 기회를 맞았다. 내 인생 최고의 멘토가 말을 시작한 것이 계기가 되었다. 세상 모든 아이들이 사람과 사물을 구별 없이 대하듯 나의 멘토 또한 마찬가지였다. 세상의 모든 사물을 사랑하고 배려하는 모습이 천사가 따로 없었다. 그리고 사물과 대화하며 쓰는 언어들이 그렇게 예쁠 수 없었다. 아이들은 원래 그렇다고 하니 그저 예뻐하고 기특해 하며 지켜보기만 했다. 그러다 4살이 되며 쓰는 언어의 폭발 시기가 왔고 '그 엄마에 그 딸' 아니랄까 입은 쉬지 않았다. 또래 아이들 중에서도 뛰어난 수다쟁이였다.

그런데 그 수다에서 한 번씩 엄마의 가슴을 쿵 하고 때리는 말들을 쏟아 냈다. 아파트를 들어서며 하늘을 보고 뛰어놀 수 있는 주택으로 이사하고 싶다는 엄마의 혼잣말에 아파트는 하늘과 가까워서 좋다 말하고, 주차공간을 확보하기 위해 골목길에 이기적으로 세워 놓은 상자에 올라서 그곳을 무대로 만드는 등 나는 미처 발견하지 못한 세상 속에 숨어 있는 가치들을 신기하리만치 잘 찾아냈다. 내 집에 꼬마 철학자가 사는 것 같았다. 그렇게 붙여 준 별명이 '가치발현가'였다. 그저 아이라고 치부하기엔 신기한 경험들이 너무나 많았다.

'나도 해봐야지.'

그렇게 질문노트는 '가치노트'로 자라났다. 질문을 하며 생각을 하는 날도 많고, 깊이 있게 바라보게 되기도 했지만, 습관처럼 질문만으로 끝나는 날이 늘어나던 그때 질문노트는 새 옷을 입은 것이다. 손에 쥔 볼펜 하나로 질문이 시작되고 볼펜이 가질 수 있는 최대의 가치를 찾아보고 나의 삶에 비추어 나를 반성하고 닮고 배울 것을 찾아보는 것. 가치노트는 또 나를 성장시켰다.

나에게 가치노트의 힘은 대단했다. 가치노트를 쓰기 시작하며 길가의 풀 한 포기, 돌 하나가 예사로 보이지 않았다. 나만의 의미로 세상에 가치를 부여한 것들이 많아질수록 보기만 해도 기분 좋아지는 것들이 함께 늘어났다. 그렇게 내 눈에 비친 모든 것들이 나의 에너지원이 되어 주었고 삶의 멘토가 되어 주었다.

사람들이 내게 자주 묻는 말 중에 하나가 지치지 않는 에너지였는데 그 답 중 하나가 바로 가치노트였다. 온 세상에 흩어져 있는 나의 에너지원들, 내 눈길이 닿을 수 있는 곳이면 어디에나 나만의 가치로 내가 세워 둔 에너지 충전소가 있다. 그 덕에 화날 일도 없고 마음 상할 일도 없어졌다. 간혹 부정적인 감정이 들어도 내 주위 무엇이든 붙들고 가치노트 한 장 써버리면 어두운 마음은 지워지고 기분 좋은 에너지가 가득 충전되는 기분이었다. 가치노트 덕분에 나는 회복 탄력성 '갑'이 되었다.

누군가는 별 볼일 없는 '노트'에 지나지 않을 수 있다. 하지만 나에겐 나를 성장시키고 세상을 향한 시선을 바꾸는 계기가 된 결정적인 비법들 중 하나이다. 작은 시작이 가져온 엄청난 변화. 말과 생각에 그쳤다면 '순간'에 지나지 않았을 느낌과 깨달음을 글로 붙들어 내 것이 되는 순간 나는 변화하고 성장하는 계기를 가지게 된 것이다. 변화하고 싶다면, 성장하고 싶다면, 나만의 노트를 가져 보라.

3.
핑크빛 안경, 버츄를 장착하다

사람이면 누구에게나 장점과 단점이 있다. 강점이 있으면 약점이 있고, 긍정적인 면이 있으면 부정적인 면 또한 함께 있는 것이 사람이다. 자기계발 서적들이 나오기 시작한 초창기에는 스스로의 단점과 약점을 제대로 알고 보완하길 권했다.

나 또한 마찬가지였다. 대학을 다니며 전공과 상관없었지만 그 당시의 분위기는 토익과 컴퓨터 자격증은 필수로 갖추어야 했다. 필수라고 하니 준비는 했지만 정작 취업을 할 때는 이력서 한 줄 채운 것으로 만족해야 했다. 취업을 해서도 결국 쓸모를 발휘하지 못했던 많은 자격증들. 그럼에도 불구하고 취업을 하고도 배움은 이어졌다. 이유는 단순했다. 나의 단점이고 부족한 점이니 메꾸고 보완해야 했다.

사람은 본디 잘하지 못하는 일에 흥미를 느끼기 어렵다. 잘하지 못하니 재미가 없고, 재미가 없으니 배우는 속도도 현저히 떨어진다. 이렇게 무언가를 배우면 그것의 종점, 예를 들어 자격증 합격 소식을 확인하는 순간 다시 그것을 돌아보지 않는다. 그저 마침표를 찍었다는 것으로 만족하고 스스로 변명할 뿐이다.

'나는 최소한의 노력은 했어.'

직장을 다니며 이렇게 부족한 것들을 채워야 하는 순간이 참 많이도 있었다. 회사의 프로그램도 꾸준히 업그레이드되었고 그에 따라 나도 스스로를 업그레이드시켜야 했다. 손에 익을 만하면 또다시 새로운 프로그램이 나오고 익숙해지면 성장하는 회사의 프로그램에 익숙해질 틈이 없었다. 직장뿐 아니라 사회의 흐름에 맞추어, 유행하는 것들을 좇는 번잡한 나의 삶은 이미 앞선 글을 통해 확인을 했을 것이다.

쓸모없고 지겨운 배움을 계속하던 내가 그것을 탈출할 수 있었던 것은 아이러니하게도 자기계발의 흐름이 바뀌었기 때문이다. 난 그저 시대의 흐름을 계속해서 따르고 있었다. 단점과 약점을 보완하던 시대에서 장점과 강점을 더 강화시켜 전문화하길 권하는 자기계발 흐름의 변화가 그렇게 반가울 수 없었다. 좋아하는 것만 하라니, 재미있는 것만 하라니 어찌 이보다 더 좋을 수 있을까? 좋아하는 것을 알아차리고 잘하는 것에 더욱 집중해 나의 강점을 부각시켜 일과 꿈까지 연결하는 요즘의 자기계발 흐름은 변치 않고 흘러가길 바라는 지극히 개인적인 나의 마음이다.

사람을 좋아하는 나는 사람을 만나면 부정적인 면보다는 긍정적인 면이 훨씬 크게 보이는 사람이었다. 그래서 만나는 모든 사람을 믿고 의지하고 쫓아가다 이용당하기도 하고 상처받기도 했다. 하지만 결국 그런 사소한 일들이 가지치기가 되어 내 곁에는 좋은 사람들만 남게 되었으니 이 또한 감사하고 결국 나는 좋은 사람들만 만나게 되는 인복 있는 사람이었다.

일정 인원 이상의 사람이 모이면 자연스레 상대적 소외자가 발생한다. 평소의 행동이나 말이 문제가 되어 다른 사람들이 '그럴 만한 사람'이라 말해도 나는 그런 사람이 먼저 눈에 띄는 사람이었다. 내가 상처받는 것이 싫은 만큼 누군가 상처를 받는 것이 마음 쓰이는 나였다. 내가 좀 불편하고 어색해도 부족한 그 사람을 안아 줄 수 있는 게 나라 생각했다. 내가 그렇게 해야 한다 생각했다. 상처받고 불편해 하면서도 누군가를 끌어안는 나를 보며 말했다.

"생긴 건 까칠하고 도도해서 할 말 다 할 것 같은데 의외로 거절을 못 하네."

"좋은 게 좋은 거라고? 너를 위해서도, 그 사람을 위해서도 그건 좋은 게 아냐. 말을 해."

하고 싶은 말 가슴 깊이 묻고 상처받으면서도 또 그 사람의 이야기를 듣는 나를 보며 착하다 말하기도 하고 멍청하다 말하기도 했다. 난 그저 내 마음이 편하고 싶었다. 마음속 불편한 말을 뱉고 나면 시원해지기는커녕 몇 날 며칠을 뱉은 말을 후회하던 나였기에 그냥 삼켜 버리기 일쑤였다. 난 그것이 마음 공부하는 것이라 생각했고, 내 마음의 그릇을 키워 나가는 방법이라 생각했다.

이렇게 사람은 누구나 부족한 점이 있고 단점이 있다 생각했다. 다만 나는 사람에게 어두운 부분보다는 밝고 긍정적인 부분이 더 많다 생각했고 그것에 집중하려 노력했을 뿐이었다. 이 모든 이야기의 전제는 나는 보지 않으려 노력했을 뿐, 사람은 누구나 단점과 약점은 있다는 것이다. 이런 나의 인간관, 세계관을 한 번에 뒤집어 준 것이 바로 '버츄'*이다.

---

* 버츄란 힘, 능력, 에너지를 상징하는 라틴어에서 유래한다. 인성이라는 마음의 광산에 자고 있는 아름다운 원석들이다. 그 원석이 깨어나 본래 지니고 태어나는 아름다운 성품이 드러나는 것이 미덕(버츄)이다. 미덕은 내면에 잠재한 위대한 나이자 다이아몬드이다.

하브루타를 접하며 자연스럽게 듣게 되었던 버츄는 카드를 통해 처음 만났다. 미덕의 언어라고 표현하는 다른 선생님들의 말을 통해 '카드를 이용해 긍정적인 마인드를 심어 주는 프로그램인가 보다'라고 짐작했을 뿐이다. 하브루타를 공부하며 살짝 맛본 버츄라는 것이 일단은 긍정적인 단어들만 있으니 좋았고, 무엇보다 함께 하브루타를 공부하는 선생님들 상당수가 연계해서 수업을 듣는다고 하니 이유 불문 들어야 할 것 같았다. 그것이 그때의 흐름이었으니까.

돌이켜 보면 이때만큼 결정 장애, 우유부단, '슈퍼 팔랑귀'로 수업을 따라 들은 내가 대견할 수 없다. 그렇게 스스로 등 떠밀어 듣게 된 수업 하나가 내가 가진 모든 편견과 고정관념, 프레임을 모두 깨어 주었다. 수업을 통해 삶 속에서 만난 버츄는 기법이나 방법을 배우고 익히는 것이 아니었다. 사람을 있는 그대로 바라보고, 존재 자체로 귀하게 여기도록 하는 '사랑' 그 자체였다. 이 세상에 태어나 내가 반드시 만났어야 할 뜨거운 경험이었다. 그리고 세상 모든 사람들이 반드시 만나길 바라는 나의 희망이 되었다.

수업을 듣는 내내 쏟아지는 눈물로 머리가 아플 지경이었다. 끊임없이 흐르는 눈물에 '내가 왜 이러는 거지?'라고 생각할 만큼 흐르는 눈물이 멈추지 않았다. 그리고 주위를 돌아보니 상황은 마찬가지였다. 강의실은 온통 눈물 바다였다. 하지만 그 어떤 누구도 슬픔의 눈물을 흘리지 않았다. 그곳은 뜨거웠고 사랑에너지로 넘쳐 났다.

버츄는 출발선이 다르다. 나는 그것이 좋다. 버츄는 사람을 나약하고 불완전한 존재로 보지 않는다. 이미 모든 것을 가지고 태어난 완벽한 존재로 인정한다. 그러니 사람은 더 이상 가르치고 보완해야 할 존재가 아니다. 그저 각자의 마음속에 내재되어 있는 미덕의 보석을 발견하여 갈고 닦으면 되는 것이다.

이미 존재만으로 아름다운 사람. 있는 그대로 귀하고 아름답기에 단점이나 약점 같은 것은 있을 수 없다. 내가 이미 발견하고 꺼내어 내 삶에 녹여 제대로 사용 중이라면 나의 '대표미덕'이 되는 것이고 아직 발견하지 못했거나 깨우지 못한 것은 '성장미덕'이 되는 것이다.

대개 단점이나 약점으로 불리던 것을 버츄는 '성장미덕'으로 바라봐 주었다. 발견하고 꺼내어 갈고 닦는 순간 무한 성장을 이끌어 줄 내재된 무한한 힘으로 바라봐 주는 것이다. 버츄를 만나는 순간 나의 단점은 사라졌다. 끈기 부족, 의지박약은 '근면', '끈기', '목적의식', '한결같음'이라는 미덕의 언어가 되어 내 속에 잠들어 있는 거인이 되어 버렸다. 죽음의 순간에 일생이 파노라마처럼 지나간다 했던가. 나는 버츄를 배우며 파노라마를 만났다.

'나는 지금껏 아이를, 사람들을, 그리고 나를 어떻게 바라보았던가?'

지나간 시간 속에 미흡했고 모자랐던 나의 생각과 행동들이 나를 반성하게 했다(미처 깨우지 못했던 내재된 미덕임을 알면서도 반성하게 되는 것은 어쩔 수 없었다). 그래서 흐른 눈물이었으리라. 버츄를 만나며 알게 되었다. 사람은 원래 각자의 색을 지닌 보석 덩어리이고, 존재만으로도 아름답다는 것을. 사람은 어떤 순간에도 자신의 빛이 사라지지 않는다는 것을. 책을 쓰고 글로 정리하며 나의 시간을 돌이켜 보니, 어쩌면 나의 사명으로 세상에 선포한 '용기부여가'도 그 시작점 어딘가에 버츄가 있었던 것 같다.

버츄를 만나고 새롭게 시작한 모든 일들이, 내 삶 속에 존재하는 귀한 인연들이 나를 언제나 행복하고 즐겁게 만들어 준다. 나와 타인을 마음으로 사랑할 수 있게 해준 버츄. 버츄는 사람을 향한 내 시선을 부족한 사람이 아닌 미덕을 품은 가능성의 존재로 보게 했다. 나의 기준으로 판단하여 좋은 것만 찾아 봐주는 것이 아니라 그대로의 모습을 인정하게 했다. 내가 믿고 믿지 않고는 중요치 않다. 내가 믿든, 믿지 않든 사람은 누구나 미덕을 가진 존재이니까.

버츄는 바닥까지 떨어졌던 나의 자존감도 회복시켜 주었다. 그리고 나를 사랑할 수 있는 힘도 주었다. 언제나 스스로에 대한 믿음과 확신이 부족했던 나. 버츄는 두려움을 마주했을 때 외면하고 피해 버리는 나를 질타하는 대신 그 순간마저 나를 사랑할 수 있는 미덕의 힘을 가르쳐 주었다.

나는 버츄를 통해 내 삶의 철학과 비전을 찾을 수 있었고 비뚤어진 인간관을 바로잡을 수 있었다. 버츄를 알고 난 후 행복과 불행이 함께하던 세상은 이제 온통 행복뿐이고, 사랑과 증오가 공존하던 세계는 온통 사랑뿐이다. 핑크빛 안경, 버츄를 장착하고 나니 세상은 그저 사랑에너지 충만한 천국이다.

4.
쓸모없는 경험은 없다, 콩나물시루 효과

책을 한 권 내고 나니 지인들의 질문이 쏟아졌다. 첫 질문만 듣고도 알 수 있었다. 내가 아닌 소위 말하는 잘나가는 작가에게 궁금했던 것들을 나를 통해 해결하고 싶었던 것이다. 베스트셀러 작가라 불리는 유명한 작가는 만날 길 없는데 나는 책을 낸 작가이니 그들의 답을 대신해 줄 수 있을 거라 생각하는 듯했다. 사실 나도 지인들만큼이나, 아니 그들보다 훨씬 더 잘나가는 작가들의 삶이 궁금한 한 한낱 팬일 뿐이지만 질문은 나에게로 향했다.

"계약금은 많아?"

"인세는 얼마나 받아?"

"책이 나오면 먹고 사는 문제는 해결 돼? 그래서 일

그만둔 거야?"

세상이 작가들에게 궁금한 그 첫 번째는 돈이다. 충분히 궁금할 수 있다. 나도 첫 번째 책을 준비할 때 가장 궁금했던 부분 중 하나였으니까. 그래서 난 친절히 답을 해 주었다. 출판사, 책의 장르, 작가의 경력, 원고의 질에 따라 계약금이 다르고 인세도 모두 다르게 책정이 되는 거라고, 같은 작가가 쓴 책이라도 책마다 다르게 계약이 되는 거라고 내가 아는 것을 모두 풀어 알려 줘도 사람들은 꼭 다시 묻는다. 진짜 궁금증이 해결되지 않은 것이다.

"그럼 평균적으로 받는 계약금과 인세는 얼마야?"

그럴 땐 속으로 외친다.

'야, 내가 더 궁금하다.'

언제나 비슷한 질문이었고 친절히 답을 해도 꼭 따라오는 이야기는 이름만 대면 알 만한 유명 작가의 이야기다. TV에서 본 일부 작가들의 풍요로운 삶을 이야기하며 작가가 되면 돈을 많이 벌 수 있는 것 아니냐고 묻는 사람들에게 이제 난 답 대신 질문으로 되돌린다.

"나도 그런 작가들처럼 부자로 살아 보고 싶다. 근데 넌 한 달에 책 몇 권이나 읽어? 독자들이 책을 얼마나 읽고, 작가의 책이 얼마나 팔려야 작가가 부자라는 말을 들을 수 있을까?"

"아···."

"대한민국 한 달 평균 독서량이 0.8권이래. 작가들 부자 만들어 주고 싶으면 책부터 좀 읽자."

한 권의 책으로 부자가 되는 것은 극히 일부의 이야기임을 알지 못한 채, 로또 맞은 듯 인생 역전하는 그들의 삶에 부럽기만 한 모양이다. 부러움의 말 속에 시기, 질투의 시선이 담기는 날도 있다.

가끔은 '돈'이 아닌 책이나 작가 자체에 관한 질문을 하는 사람들이 있다. 이런 사람들은 대개 평소 책을 많이 읽고 있어 언젠가는 자신의 이름으로 책을 한번 써보고 싶은 사람들이다. 이런 사람들의 질문에는 '나도 언젠가 해보고 싶다'는 기분 좋은 기대감과 희망이 느껴진다. 이럴 땐 꾹 눌러놓은 말 많던 내가 깨어난다. 이런 질문을 하는 사람들은 100명 중의 100명 모두가 책을 낼 수 있는 사람이다. 나는 당장 시작할 것을 권하며 나의 폭풍 이야기가 시작된다.

몇몇 사람은 나의 이야기로 '용기'를 얻어 책 쓰기를 시작했다고 한다. 나의 수다에 가치를 심어 준 사람들. 이보다 더 의미 있는 수다가 있을까? 사람들의 책 쓰기 시작을 돕기 위해 시작한 수다가 의미 있었던 또 하나의 이유. 사람들의 질문에 시원하게 답하지 못했던 질문에 나만의 해답을 찾을 수 있었다.

"책을 쓰기 전과 후, 가장 달라진 점이 뭐예요?"

어쨌든 작가라고 불리게 된 나였다. '작가'. 이 얼마나 멋진 이름인가? 하지만 당장의 삶에 어떤 변화도 느끼지 못하던 나였다. 사실 나도 책이 세상에 나오면 인생에 큰 변화가 있을 줄 알았다. 하지만 그건 나의 기대일 뿐이었다. 그들의 질문에 많은 이야기를 했지만 나도 모르는 답을 하느라 구구절절 궁색한 이야기들만 쏟아졌을 뿐이다. 그런데 그 질문의 답은 뜻밖의 곳에서 찾을 수 있었다. 책쓰기를 궁금해 하는 사람에게 지금 당장 책을 쓰라고 설득하는 과정에서 찾을 수 있었다.

홈쇼핑, 인터넷 쇼핑, 오프라인 쇼핑 등 다양한 방법을 통해 가격을 비교하고 합리적인 가격으로 최신의 전자기기와 가전을 집에 들였다. 하지만 포장도 뜯지 못한 채 다시 쇼핑을 시작했고, 꼼꼼하게 후기와 리뷰를 비교하며 착한 가격, 고품질의 가성비 최고인 생필품들을 사들였다. 그리고 또다시 쇼핑이 시작된다. 반복되는 현명한 쇼핑에 포장을 미처 뜯지 못한 제품들은 방 하나를 넘어 거실과 안방까지 잠식해 가고 있다.

현명한 소비만을 한 이 사람의 쇼핑은 좋은 물건을 가

진 것일까? 쓸모없는 짐을 들인 것일까? 집 안 가득 가성비 최고의 제품들을 쌓아 두었지만 그것을 풀어 제자리를 찾아 주고, 그것을 제대로 사용하지 않는다면 그 최고의 제품들은 짐에 불과하다. 나의 삶이 '현명한 쇼핑'과 다를 바 없었다. 책을 통해, 사람을 통해 추천 받은 것, 좋다고 하는 것들은 일단 하고 보는 나였다.

'In put'만이 있는 삶.

단 한 줄로 표현할 수 있는 책 쓰기 전의 내 삶이었다. 장르 불문, 좋다는 것은 끊임없이 시도하고 도전했지만 내 삶의 변화와 성장까지는 끌어내지 못한, 현명한 쇼핑만 가득했던 삶, 할 수 있는 것은 많지만 제대로 할 줄 아는 것은 없었다. 제대로 써먹을 수 있는 것이 없었다. 하지만 책을 써보라며 '나도 했다. 그러니 당신도 할 수 있다'라며 떠드는 내 말 속에서 실마리를 찾을 수 있었다.

타인과 나의 기준이 철저히 달랐던 나.

다른 사람에겐 늘 관대한 나였다. 모든 말과 행동에는 그럴 만한 이유가 있을 거라며 정작 당사자는 생각지도 못한 의미와 가치를 찾아내곤 하는 나였다. 세상 모든 사람에게 '너는 귀하다. 너라서 할 수 있다'라고 응원하면서 나에게만큼은 세상 가장 까다로운 기준을 세워 놓고 있었다.

하지만 책을 쓰면서 나의 지나간 시간들에 의미를 부여하기 시작했고, 지나간 경험들이 어느 하나 헛되지 않음을 알았다.

무엇보다 가장 큰 발견은 내 삶의 기준이었다. 나는 평생 내 삶에 기준과 원칙이 없다고 생각했다. 기준이 없으니 중구난방, 닥치는 대로 일단 하고 보는 사람이었다. 그래서 스스로를 우유부단에 '슈퍼 팔랑귀'라고 말하곤 했다. 하지만 글로 풀며 돌아본 내 삶에 내가 미처 인지하지 못했던 기준과 원칙이 있다는 것을 알게 되었다. 그것은 바로 '사람'이었다. 함께하는 것이 기쁨이었고 '함께'함을 통해 누군가 성장하는 것을 지켜보는 것이 나에겐 '행복'이었다. 뒤늦게 발견한 나의 기준으로 내 삶은 재정리되었다. 아이러니한 것은 이미 지나간 '과거'라는 점이다.

기준을 발견하기 전의 삶은 중구난방, 다이내믹으로 포장을 뜯지 않은 쓸모없는 짐이 가득한 '창고 같은 집'일 뿐이었다. 하지만 기준을 알아차린 후 다시 돌아본 내 삶은 천천히 포장을 뜯고 제자리를 찾아가는 중이었다. 중구난방 물건들은 '사람'이 사용할, 분명한 이유가 있는 것들이었다. 아직 말끔히 정리가 된 것은 아니지만 예쁘게 잘 정리되어 가고 있는 '신혼집' 같은 것이었다.

그제야 쓸모없다 생각했던 많은 배움과 경험이 모두

쓸모 있는 행동이었다는 것을 알았다. 다만 이유가 되기 위해 시간이 필요했을 뿐이다. 책 쓰기 전과 후, '무엇이 가장 좋으냐' 물으면 내 삶과 생각이 정리되었다고 이제는 말해 줄 수 있다.

콩나물시루에 물을 주면 물을 부음과 동시에 물은 빠져나가 버린다. 물은 콩에 잠시도 머무르지 않고 그냥 흘러 버린다. '콩이 자라 콩나물이 될 수 있을까?'라는 의심으로 물 주기를 멈춘다면 콩은 콩나물이 될 수 없다. 흘러 버리는 것을 알면서도 꾸준히 물 주기를 했을 때 콩나물로 키워 낼 수 있다. 나는 사람과 함께하는 것이 좋다는 이유로 내 삶에 물 주기를 멈추지 않았다. 흘러 버리는 물을 보며 아깝다 생각하면서도 나는 계속해서 물 주기를 하고 있었다.

'콩나물시루 효과', 내 안에 숨어 있던 기준을 발견하지 못해 쓸모없다 생각했던 많은 것들이 기준을 발견하는 순간 시원한 물이 되어 비로소 싹을 틔웠다. 끊임없이 흘러 버리기만 했던 물은 이제 책이 되었고, 일이 되었으며 내 삶의 비전과 철학이 되었다.

이제야 싹을 틔우기 시작한 나의 콩나물시루. 겨우 싹을 틔운 내 삶이 이 정도로 기쁘고 행복한데 잘 자란 콩나물이 된다면 어떤 일들을 만날 수 있을까? 하루하루가 설레고 기대되는 요즘이다. 지나간 시간에 쓸모없는 경험은 없다. 쓸모없다 믿은 내가 있을 뿐이었다.

내 삶에 물 주기를 멈추지 말자. 콩이 콩나물이 될 때까지는 그만큼의 시간이 필요하다.

5.
평범한 일상, 소소한 터닝포인트

세상 어떤 것보다 탄성이 강한 것이 사람이고, 그 사람들 중에서도 단연 최고의 탄성을 가진 사람은 나라고 생각하며 평생을 살았다. 의지 약한 내 모습은 게으름으로 느껴졌고, 어떤 일에도 그 끝을 보지 못한 채 중도 포기해버리는 나는 의지박약 그 자체였다. 그런 내 모습이 싫어 많은 방법들을 써보았지만, 난 언제나 제자리였다.

변하고 싶다는 간절한 마음에 '일단 시도'해 보는 무모한 용기는 가지게 되었지만, 번번이 '역시'를 외치며 늘 제자리로 돌아가는 나를 만나게 될 뿐이었다. 당당함이 풍기는 사람들의 삶을 들여다볼 때면 고개만 끄덕였을 뿐 그들의 행동과 습관이 좀처럼 나의 것이 되지 않았다. 따라하고 실패하며 '역시'만을 반복할 뿐이었다.

직장을 관두고, 책을 냈지만 내 삶의 큰 변화는 일어나지 않았다. 지나간 어제의 시간도, 오늘을 보내는 지금도 비슷한 날들의 반복이다. 아침이면 눈을 뜨고 일상을 보낸 후, 해가 지면 집으로 돌아와 일들을 정리하고, 늦은 밤이 되어야 잠자리 들 수 있는 일상의 패턴은 여전하다. 하지만 지금 나는 완전히 다른 삶을 살고 있다.

변함없는 삶에서 유일하게 변한 것이 있다면 단 하나, 나, 바로 내 마음이다. '역시'를 반복하며 나의 강한 탄성을 탓하기 전에 나는 먼저 나에게 관심을 가졌어야 했다. 대책 없는 '따라 하기' 속에는 내가 없었다. 닮고 싶은 사람들, 그들의 삶이 있었고 그들의 이유와 행동이 있을 뿐이었다. 내 삶에서 나를 배제시켜 둔 채 타인의 좋은 것들만 가져다 나를 빚어 보려 했다. 내가 없는 세상에 나를 세우려 한 것이다. 나는 얼마나 내 세상으로 돌아가고 싶었을까?

'역시'를 외치며 제자리로 돌아가기만 하는 나에게 사람들은 '어떻게?'를 물었고, 평범하다 생각하는 나에게 평범하지 않다 말하는 사람들에게 소소한 나의 방법들을 전하며 알게 되었다. 책 한 권, 한두 번의 강연으로는 절대 알 수 없는 대단한 그들의 삶도 결국은 평범한 일상의 반복이었다는 것을.

각자의 이유 있는 다수의 평범한 날들을 버려두고 난 그들의 '결과'만을 보고 좇았다. 한 사람의 결과만을 좇아도 나만의 이유를 갖지 못한 나는 실패하는 것이 당연하다. 그런데 결과 좇기에 욕심까지 더해져 수많은 결과들을 내 삶 안으로 끌어다 놓고 대책 없이 좇기만 했다. 그제야 나는 내가 보였다. 단 한 번의 도움닫기로 넓은 강을 건너려 했던 내 욕심을 보았다. 혼란스러운 마음도 잠시, 나는 천천히 다시 시작해 보기로 했다.

내가 나를 바라봐 주었기 때문일까? 내 세상도 나를 위해 많은 것을 준비하고 있음을 알았다. 드라마에서 볼 수 있을 것만 같은 우연을 가장한 필연들이 내 삶에서 자꾸만 일어났다. 이미 계획된 듯 적재적소에 필요한 사람을 만나고 그들을 통해 내가 배우고 느껴야 할 것들을 알게 되었다. 누군가 나를 주인공으로 내 인생의 대본을 써놓은 것만 같았다. 그렇게 나는 내가 만나야 할 것들을 차례차례 만났다. 내 인생 최고의 멘토와 많은 스승들을 만났고, 시기에 딱 맞추어 읽게 된 책과 강연, 수업을 통해 나를 만났다. 그리고 질문으로 내 삶을 다시 돌아보게 했던 내 삶의 또 다른 스승, 그들로 인해 쓰게 된 노트와 다수의 프로젝트, 스터디 등 내가 하고 있는 모든 것들의 의미도 찾을 수 있었다.

아주 사소한 일들이 꼬리에 꼬리를 물고 이어졌다. 이 작은 일들은 나에게 끊임없는 계기가 되어 주었다. 소소한 일들이었기에 나는 알아차리지도 못했다. 탄성 강한 나였기에, 실패를 의심할 만한 일이었다면 나는 이내 제자리로 돌아갔을지도 모를 일이다. 하지만 내가 미처 알아차릴 수 없는 아주 작은 일들의 반복으로 나는 나도 모르는 사이 이미 다음 걸음을 걷고, 그다음을 준비하고 있었다. 그렇게 나의 변화는 시작되었고, 이제는 변함없는 일상의 반복 자체가 특별함이 되어 버렸다.

이제는 아침에 눈을 뜨는 것이 행복하고, 집을 나서기 위해 문을 여는 순간에는 '오늘은 또 어떤 사람을 만나고 어떤 일들이 나를 위해 준비되어 있을까?' 묘한 기대감마저 생겨난다. 하루라는 세상에서 내가 만나는 모든 것은 나에게 배움이 되고 자극이 되기에 하루를 시작하는 마음은 언제나 설렘 가득이다.

가치노트를 통해 세상의 많은 것들에게 의미를 부여해 놓으니 눈길 닿는 모든 것들이 나만의 에너지 충전소가 되어 준다. 좀처럼 에너지가 떨어지는 일이 없다. 혹여 바라보는 것만으로 에너지가 채워지지 않는 날이면 나는 또 펜을 꺼내 들고 나만의 에너지 충전소를 세우면 그만이다.

이 세상이 오롯이 나를 위해 존재하는 순간이고, 내 인생의 주인공을 나로 세우는 순간이다.

세상의 모든 사물들이 나에게 이런 귀한 가르침을 주는데 내가 만나는 사람들은 말로 해서 무엇할까? 세상의 모든 사람들은 말로, 행동으로, 삶으로 내게 가르침을 준다. 이젠 내가 만나는 모든 사람들이 나의 스승이자 멘토이다. 관계를 맺을 수 있는 '아는 사람'이 되는 것만으로도 감사한 사람들과 함께하는 다양한 프로그램들은 나에게 언제나 좋은 자극이 되어 준다.

나만의 긍정적인 스트레스가 되어 쉽게 포기하고 멈추던 나를 '한 번만 더'를 외치며 앞으로 밀고 나아가게 한다. 가끔 지치는 날이 있기도 하지만 그럴 땐 혼자가 아님을 알기에 위로가 된다. 곁에 앉아 함께 쉬어 주기도 하고, 때론 먼저 일어나 내 손을 끌어 주기도 한다. 또 가끔은 내가 먼저 일어나 누군가를 일으켜 줄 수도 있다. 그런 날이면 나도 누군가를 위해 무언가 할 수 있다는 사실만으로도 행복하다.

이렇게 세상은 배움의 순간은 끝이 없음을 알려 주었고, 내가 만나는 모든 사람들은 자신만의 스토리로 삶의 이야기를 써나가는 작가라는 사실을 알게 해주었다. 삶이라는 제목에 각자의 스토리를 풀어 세상에 단 하나뿐인 책을 만들어 가고 있는 작가들이었다.

이렇게 내가 만나는 모든 순간, 모든 것들에게는 다 배울 것이 있었다. 내가 시작한 일에서, 내가 가르친다 생각했던 학생들에게서, 내가 낳은 아이에게서, 세상 모든 것들에게서 나는 배웠다. 그리고 그것이 손에 잡히지 않는 햇빛 한 줄기, 바람 한 점이라도, 세상 모든 것들은 언제나 나에게 가르침을 주었다.

탄성 강한 내가 변할 수 있었던 결정적인 이유도 결국은 '일상'에 있었다. 일상이라는 이름 뒤에 숨겨진 보석들을 찾아보자. 내가 찾아낸 보석들이 내 삶 속에 존재하는 이유와 그것들이 갖는 의미도 함께 찾아보자. 내가 발견한 보석에 스스로 부여한 가치는 평범했던 돌을 내가 평생을 통해 갖기를 소망했던 세상 단 하나뿐인 '보물'로 만들기도 한다. 나에겐 그것이 '행복'이었고, '꿈'이었으며, '내 삶의 주인으로 바로 서는 나'였다.

똑같던 일상에서 나의 생각과 관점을 조금 바꾸었을 뿐인데 세상에 존재하는 것은 모두가 나를 위해 준비된 것이었고, 그 이유를 알아차리는 매 순간은 나를 성장시키는 작은 '터닝포인트'가 되어 주었다. 성공한 사람들의 대단한 '터닝포인트'. 그것은 그들의 방법이다. 하나의 사건이 계기가 되어 인생을 통째로 바꿀 수 있는 사람들은 그렇게 살아가면 된다.

문제는 나는 그들과 다르다는 것을 인정하지 않았다는 점이다. 어떤 계기를 만났더라도 내 삶은 다른 방향을 향해 있었고 그것을 향해 일정 속도가 붙어 있는 상황에서는 방향 전환이 불가능한 나였다. 매번 무리하게 방향을 바꾸어 보려 했고 번번이 넘어졌다. 내 삶을 지탱하기 위한 어떠한 삶의 근육을 만들지 않은 채 시도한 무리한 방향 전환은 넘어짐이라는 당연한 결과를 보여 줄 뿐이었다.

내 손으로 만들어 놓은 울퉁불퉁 길에서 제대로 서보기도 전에 잘 닦인 다른 사람의 길에 무임승차하려다 미끄러지는 꼴이었다. 빙판 위를 걸어 보지 못한 나는 울퉁불퉁 길부터 시작했어야 했다. 그곳에서 서서 천천히 한 걸음씩 걸으며 내 속도에 맞추어 빙판을 평평히 닦았어야 했다. 하지만 빙판을 미끄러지듯 달리며 춤을 추는 누군가를 보며 다른 사람의 빙판 위로 무작정 올라서 버린 나였다.

넘어지고 깨지는 것은 당연했다. 그런데 나는 그것을 당연하게 받아들이지 못했다. '탄성이 강한 사람', '의지가 약한 사람'이라 말하며 나를 비난했다. 내 속도에 맞추어 내가 만들어 가던 길을 매번 던져 버리고 남의 길에 무임승차하려던 나는 매번 그 길에서 물러나야만 했다. 내가 만든 내 길이 아니었으니까.

그런 내가 평범한 일상 속에 숨겨진 보석들을 발견하며 나만의 방법을 찾기 시작했다. 하나둘 보석들의 조각을 모으며 나는 알게 되었다. 나는 세상에 존재하는 한 가장 큰 배라는 것을. 나는 너무 큰 배라서 갑작스런 방향 전환이 되지 않았을 뿐이다. 너무 커 방향을 바꾸기 위해 충분한 각과 시간이 필요한 세상 가장 큰 배였다. 이제 나는 세상에서 가장 큰 배의 선장이 되어 항해를 시작했다. 내 세상에서 만나는 모든 것들을 장애물로 보는 대신 나만의 기회로 받아들이고 작은 '터닝포인트'로 만들었다.

나는 이렇게 나도 느끼지 못할 정도로 천천히, 아주 조금씩 방향을 선회하는 중이다. 가끔은 속도가 느리고 그 각이 너무 커 제자리인 것 같이 느껴지는 날도 있지만 이제 그 배에 중심이 바로 섰음을 안다. 탄성을 이겨 내고 가속도까지 붙으려는 찰나에 도달했음을 안다.

나는 이제 일생에 꼭 한 번은 만나게 된다는, 언제 올지도 모르는 우연을 가장한 '터닝포인트'를 기다리지 않는다. 삶을 지탱하는 일상에서 작은 '터닝포인트'를 만들고 이것을 디딤돌로 일생의 '터닝포인트'를 직접 만드는 중이다. 내가 만든 것이라 더 의미 있고 짜릿하다.

지금 이 시간, 우린 하나의 세상 속에서 살아간다. 하지만 각자의 시선으로 우린 또 다른 세상을 만나기도 한다. 누군가는 빨간 안경, 누군가는 회색의 안경을 쓰고 자기만의 세상을 바라본다. 누군가에게는 붉게 타오르는 태양과 같은 뜨거운 세상이 누군가에게는 잿빛의 회색 세상이 될 수도 있다. 하나의 세계에 담긴 60억 개의 세상. 나는 어떤 시선으로 내 세상을 바라보고 살아갈 것인가?

평범한 일상 속 소소한 '터닝포인트'를 만들어 내 삶의 주인이 되어 보자.

6.
나를 성장시키는 것은 '용기'다

용기, 씩씩하고 굳센 기운 또는 사물을 겁내지 아니하는 기개. 사전에서 말해 주는 용기의 정의이다. 하지만 내가 생각하는 용기는 조금 다르다. "용기란 두려움이 없는 것이 아니라 두려움에 대항하고 두려움을 정복하는 것이다"라고 말했던 마크 트웨인의 말처럼 내가 생각하는 용기는 '두려움 느낌에도 불구하고 나아가는 것'이다.

두려움이라는 것은 이성이나 지식으로는 통제되지 않는 본능에 가까운 감정이다. 감정은 노력으로 일순간 지워낼 수 있는 것이 아니다. 애써 회피하고 다른 감정들을 키우는 노력으로 잠시 눌러놓을 수는 있다. 하지만 매번 힘을 주고 살아갈 수 없는 것이 사람이다. 노력의 끈을 잠시 놓는 순간, 긴장된 근육을 이완시키는 어느 순간 문득 올라와 무방비 상태로 마주하게 되는 것이 감정이다.

내 마음은 내 것이니까, '두려움을 느끼지 말라' 명령하고 내 마음이 그 명령을 받아들여 한순간에 두려움이라는 감정을 지워 낼 수 있다면 좋겠지만 그것이 불가능한 일이라는 것은 누구나 알고 있다. 통제 불가능한 것을 노력이라는 이름으로 통제하려 애쓰기보다 있는 그대로를 인정하고 받아들이는 것이 훨씬 현명한 일이다. 나의 감정을 인정하고, 그럼에도 불구하고 그다음 단계로 나아가는 것, 그것이 내가 생각하는 용기이다. 그런 의미에서 두려움만큼 용기와 잘 어울리는 한 쌍은 없는 것 같다. 용기 있는 사람, 어쩌면 두려움을 가장 많이 느껴 본 사람은 아닐까?

뜨거운 해변에서 모래밭을 열심히 뒤적이는 사람이 있다. 너무 뜨거운 햇빛이라 대부분의 사람들은 그늘 밑에서 시간이 지나기를 기다리고 있는데 이 사람은 쏟아지는 햇빛에도 굴하지 않고 땀을 뻘뻘 흘리며 모래밭을 뒤적이고 있다. 한참을 지켜보던 사람이 다가가 묻는다.

"중요한 물건이라도 잃어버리셨소? 한참을 찾고 계시는 것 같던데."

"한겨울에 깊이 묻어 두었던 얼음이 모래 밑에 남겨져

있을까 찾아보는 중이에요."

얼음의 본질은 차가운 것임에도 뜨거운 모래밭에서 찾아 헤매고 있는 사람. 어쩌면 나의 삶이었고 세상 많은 사람들의 모습일지도 모른다. 용기라는 이름으로 실패해도 도전하기를 멈추지 않는 나, 발견하지 못할 것 같은 두려움을 이겨 내고 '한 번 더'를 외치며 또다시 모래밭으로 뛰어드는 것이 나였는지도 모른다. 대기업을 다니며 제법 잘나가던 시점, 승진을 코앞에 두고 '휴직원'을 던진 나에게 사람들이 말했다.

"역시, 대단하다. 용기 있어."

'휴직원'을 던지고 나에게 허락된 1년의 시간. MBA 과정, 승진, 해외지사 근무 등 회사에서 가졌던 나만의 꿈을 이루기 위한 투자의 시간이었다. 2보 전진을 위한 1보 후퇴, 다른 사람들은 알지 못하는 나만의 '빅 픽처'를 그려 놓고 있었다. 하지만 그 1년의 시간은 내 인생을 송두리째 흔들어 놓았다.

우연히 만나게 된 사람, 수업, 스터디, 책, 나만의 크고 작은 프로젝트들이 모두 징검다리가 되었다. 개울을 건너기 위해 징검다리 위에 올라서면 개울을 건너기 전까지 다음 돌에 대한 선택의 여지는 없다. 개울 건너기를 포기하고 돌아가거나 징검다리를 밟으며 건너는 일뿐이다. 휴직 기간의 1년은 징검다리를 밟고 건너 다른 세상으로 나아가는 시간이었다.

대단한 의지로 처음부터 끝까지 꾹꾹 밟아 나간 것이 아니었다. 징검다리 위에 올라선 것은 분명 내 의지였지만 다음 징검다리들은 우연처럼 찾아왔다. 개울을 건너기 위해 놓인 돌을 차례로 밟아 지나는 것처럼 나도 자연스럽게 이 수업에서 저 모임으로, 이 사람에서 저 책으로, 그렇게 다음 돌을 밟아 나갔을 뿐이었다. 그렇게 징검다리 하나하나를 밟다 돌아보니 나는 개울 반대편에 서있었다. 의미 없이 배우고 행동했다 생각했던 것들 모두가 각자의 가치를 깨우며 징검다리가 되고 '터닝포인트'가 되어 돌아갈 수 없는 개울을 건넜음을 알았다. 모두가 부러워하던 '명함'을 내려놓았다. 나만의 '빅 픽처'를 다시 그렸다. 사람들이 말했다.

"지금 그만둔다고? 그만한 직장 다시 구할 수 없을 텐데. 아이 교육비도 더 많이 들 거야."

나를 생각한 걱정 한가득 이야기 마지막엔 약속이나 한 듯 같은 이야기가 따라붙었다.

"너 진짜 용기 있다."

밀려나는 것도 아니었고 인정받지 못하던 회사도 아니었다. 나의 퇴사 소식에 여기저기서 돌아오라 말해 주던 고마운 사람 가득한 직장이었다. 우수 사원으로 선정되어 회사 돈으로 제주에서 해외까지 많이도 돌아다녔고, 동료들 앞에서 수차례 '성공사례'를 발표할 만큼 인정받으며 다니던 회사였다. 돌아가도 잘해 낼 자신 있는, 나의 '빅 픽처'를 이룰 자신 있는 직장을 나이 마흔을 앞두고 내 발로 걸어 나온 것이다. 다시 시작해야 한다는 두려움보다 모래밭에서 얼음을 찾던 내 모습을 알아차린 것으로 감사한 순간이었다.

대학을 졸업하고 전공을 살려 두 번째 직장까지 약 20여 년, 거기에 이전의 학창 시절까지 더하면 30년이 넘는 시간을 난 하나의 길만 보고 걸었다. 회사에 입사해 고비가 올 때마다 '1년만 더'를 외치던 것이 16년이 되었다. 월급이 오르고 승진을 할 때마다 고비는 더 자주 찾아왔지만 회사를 그만두는 것은 더욱 어려운 일이 되었다.

나를 소개할 자리에서 명함 한 장 내밀면 더 이상의 부연 설명이 필요 없었다. 명함은 곧 나였다. 회사를 그만두는 것은 내가 지나온 30년의 시간을 포기하는 것이고, 그 시간의 포기는 나의 본질, 내 존재의 이유를 부정하는 거라 생각했다. 그런 내가 우연히 얻은 1년의 시간으로 나를 객관적으로 바라볼 수 있었다. 그리고 그때 용기에도 여러 얼굴이 있음을 알게 되었다.

휴직과 사직을 한 나에게 '용기 있다' 말하며 응원해 주던 사람들. 사람들은 나에게 '용기'라 말했지만 휴직과 사직을 통해 내가 알게 된 용기는 '포기'였고 '내려놓음'이었다. 나는 휴직을 하며 월급을 포기했고, 사직을 하며 명함을 내려놓았다. 포기와 내려놓음이라는 용기를 통해 나는 나에게 새로운 기회를 선물했다.

두려움과 설렘이 함께하던 새로운 기회의 문들을 내 손으로 열며 나는 가슴 떨리는 진짜 내 꿈을 찾았다. 그리고 꿈을 통해 멀리 있다 생각했던 행복을 일상에서 발견할 수 있었다. 간절한 꿈이 있으니 그 꿈을 이루기 위해 나아가는 매 순간, 하루하루가 감사하고 행복하다.

행복이 멀리 있지 않음을 알고 나니 내 곁에 있는 모든 사람들이 멀리 있는 행복을 위해 오늘을 포기하는 일은 하지 않았으면 하는 작은 소망이 생겼다. 이렇게 나는 용기부여가의 삶을 시작했다. 내가 나만의 용기로 성장하고 자랐듯 각자 가슴속에 숨겨져 있는 용기로 행복해지길 바란다. 때론 두려움에도 굴하지 않고 밀고 나가는 용기로, 때론 내 마음을 제대로 바라보고 내려놓을 수 있는 용기로 즐겁고, 재미있고 가슴 떨리는 매일을 만날 수 있길 바라본다.

Action 1

과거와 미래를 보는 기록: 가치노트 & 성장일기

가치노트

가치노트를 쓰는 방법은 간단하다. 가치노트에는 규칙이 없다. 물건, 사람, 느낌, 단어 등 가치를 부여할 수 있는 것은 무엇이든 상관없지만 일상에서 쉽게 접하는 물건으로 시작하는 것이 좋다. 그것을 보고 질문을 던져도 되고 생각이나 느낌을 남겨도 좋다.

머리로 생각하면 무엇을 하라는 이야기인지 난감하게 느껴질 수도 있지만 한 번만 써보고 나면 자신만의 방법이 생겨난다. (주위 사람들에게 권하여 보고 피드백으로 받은 이야기이다. 써보는 것이 답이다.)

혼자 보는 일기 같은 것이라 생각하고 문법, 맞춤법, 맥락 등에 구애받지 말고 편하게 써보라. 이것이 습관이 되면 내가 매일 보는 소소한 물건들이 나만의 에너지원이 되기도 하고 반성의 도구가 되기도 한다. 나는 그렇게 세상에 뿌려 놓은 나만의 가치들이 나의 작은 '터닝포인트'

가 되어 주었다. (한 줄, 한 장. 가치노트의 양에 연연하지 말고 쓰는 것에 의미를 두자.)

〈예시1〉 소리울림의 가치노트 첫 페이지

* 볼펜

어디서나… 쉽게 얻고 아무렇게나 버려지는 볼펜.
(중략)
자신이 받는 세상의 대접과 상관없이 자신의 생명을 다해
자신이 할 일을 한다.
누군가의 생각을 담아 아름다운 글을 남기기도 하고,
누군가의 영혼을 담아 아름다운 음악을 남기기도 한다.
세상에 귀한 보석을 남기는 역할과는 달리 쉽게 버림받는 존재
볼펜.
하지만 볼펜은 불만을 말하지 않는다.
멋진 글 하나 남기고 그것을 가장 먼저 읽을 수 있음에
감사한다.
사람들에게 행복을 전할 가슴 울리는 음악 한 줄 그려 냈음에
감사한다.
한 줄 글로, 때로 한 줄 음악으로 누군가를 응원할 수 있음에
감사한다.
(중략)
나도 누군가에게 희망을 전하고 꿈을 꾸게 하는,
때로 아픔을 위로하고 안아 줄 수 있는,
가진 것을 주되 받으려 하지 않는 볼펜 같은 사람이고 싶다.

〈예시2〉 소리울림의 가치노트 중간 즈음

* 멘토

(나는 가치노트를 통해 내 인생 최고의 멘토를 찾았다.)
나에게 멘토는 무엇일까? 어떤 존재일까?
나를 응원하고 지지하며 나의 변화와 성장에 긍정적인 자극을 주는 사람.
내가 선택하고 결정함에 있어 고민될 때 기준이 되어 줄 수 있는 사람.
사람? 노노. 내 삶에 변화를 일으킬 수 있는 모든 것.
같은 세상, 같은 오늘은 없다.
내가 가치를 부여한 모든 것들이 내 삶의 멘토이다.
어떤 마음, 어떤 생각으로 오늘을 살겠다는 나의 마음가짐에 따라 난 하루에도 수십, 아니 수백의 멘토를 만날 수 있다.
멋진 멘토를 기다리기보다 세상에 늘 함께하는 멘토들을 향해 눈을 뜨자.
가슴 활짝 열어 '세상의 멘토'를 담으라.
나의 변화와 성장은 세상의 멘토를 어떻게 담고 쓸 것인지 판단하는 오롯이 나의 몫. 매일, 멘토를 찾아라.

Action 1

성장일기

성장일기 역시 가치노트처럼 특별한 규칙이 있는 것이 아니다. 어디까지나 쓰는 사람이 계속해서 쓸 수 있도록 부담스럽지 않고 편하게 접근할 수 있어야 한다. 감사일지를 쓰고 있는 사람이라면 감사일지에 한두 줄만 더 추가해서 써보기로 하자. 현재 내가 쓰고 있는 성장일기는 4가지로 분류되어 있다.

---

1. 용서일기

일상에서 생겨난 불쾌한 감정, 불편한 감정이나 화를 써본다.
그리고 타인을, 자신을 용서한다.
언제, 어떤 경우에 내가 화가 나는지,
나를 알아차릴 수 있는 좋은 기록이 된다.
이것을 반복해서 쓰다 보니 불편한 감정이나 화나는 일이 거의 없다.
가끔씩 그런 감정이 생겨나더라도 이래서 화가 났구나 인정하고
금세 마음을 추스르게 된다.

---

2. 미래일기

감사일지처럼 쓰되 미래형이 아닌 이미 일어난 듯 기록한다.
미래일기를 쓰면서 내가 할 일을 정리할 수 있다.
그리고 나는 생생하게 그리고 간절히 바라면 이루어진다는
잠재의식의 힘을 믿는다.
글로 쓰며 나의 잠재의식 속에 더욱 강력히 각인시킨다.

예) 나의 두 번째 책이 베스트셀러 코너에 자리 잡음을 감사합니다.
(참고로 지금 읽고 있는 이 책이 나의 두 번째 책이다.)

3. 감사일지

매일의 감사한 일들을 기록한다.
당장 오늘 행복해질 수 있는 가장 빠른 지름길이다.

4. 유레카 일기

일상과 성장일기를 쓰며 느끼고 발견한 것을 짧은 문장으로
기록한다.
나에게 초점을 맞추면 좋지만 사물이나 타인이어도 상관없다.
한두 줄로 남기는 유레카 일기가 일상에서 새로운 눈을 뜨게 한다.
(나만의 명언이 되기도 한다.)

Action 2

실패만 반복하는 사람을 위한 목표 설정법

① 단기 목표를 설정하라.

- 단기 목표는 다시 시작할 수 있는 기회를 나에게 주는 것이다.
- 한 달로 시작해 조금씩 늘려 가길 추천한다.

② 목표의 개수를 줄여라.

- 실패를 반복하는 이유 중 하나는 많은 계획을 세우기 때문이다.
- 목표의 기간도 짧게 잡고 시작하듯 목표의 수도 작은 숫자에서 천천히 늘려 가라.

③ 목표 설정 시 명확한 성공 기준을 세워 두라.

- 목표 달성의 기준이 명확한 것만으로도 목표 달성은 쉬워진다.

④ 목표를 나누고 나만의 실천법을 만들어라.

- 한 달의 목표를 잡았다면 일주일 목표, 하루의 목표를 설정하라.

• 나만의 실천법을 최대한 자세히 써보라.

⑤ 하루의 목표를 성공습관 프로젝트의 미션으로 선정하고 실행하라.

⑥ 모든 목표가 설정되었다면 눈에 띄는 곳에 붙여 공개하고 선포하라.

이 모든 것의 전제 조건은 함께할 사람을 만들라는 것이다. 작은 일이라도 혼자서 시작하면 핑계를 만들기 쉽다. 핑계는 곧 실패로 이어진다. 함께할 '메이트'를 만들어 서로를 응원하고 때로 서로 감시자가 되어 주자. 함께하는 사람이 있는 것만으로도 긍정적인 스트레스가 된다.

미션 실패 시 각자의 벌칙을 직접 정해도 좋다. 매일 서로의 미션을 확인하고 체크하며 함께하면 게임 하듯 즐겁게 해나갈 수 있다. 함께하는 성공습관 프로젝트로 성공이 누적되면 일주일, 한 달의 목표는 자연스럽게 달성된다.

〈예시〉

목표	책 출간	책 읽기	건강(운동)
달성 기준	책 출간 계약	블로그 서평 쓰기 (열 줄 이상)	체중 3kg 감량
실행 방법	1~2월: 초고 완성 3월: 출간 계약 4월: 퇴고 6월: 책 출간 (드림팀 결과 발표 날 사례로 보여 주기)	목표 –책 서른 권 도서 –독서모임 도서 열두 권 –하브루타 독서토론 여섯 권 –사서 (논어, 맹자, 중용, 대학) –기타 자유도서 *독서모임 100% 출석하기	운동 – 복근, 스쿼트 – 7층 이하 건물 계단 이용 식사 – 매일 3끼 밥 챙겨 먹기 – 식사 시 밥 2숟갈 덜기 군것질 –밀가루 섭취 지양
일일 미션	1~2월 A4 한 장 이상 글쓰기	1~6월 일일 20페이지 이상 책 읽기	1~6월 복근 운동, 스쿼트 각 100개 (점진적으로 개수 늘리기)

나의 2018년 상반기 목표 설정 내용 중 일부이다(이것은 하나의 예시일 뿐이니 참고는 하되 본인의 스타일로 바꾸어 쓰길 권한다).

나는 22명의 사람들과 드림팀을 만들어 6개월 목표를 설정했다. 1월 드림팀 시작과 동시에 6월 29일 결과 발표의 날도 만들어 두었다. 목표 설정 후 블로그 등 SNS를 통해 세상에도 선포했다. 그리고 성공습관 프로젝트를 진행하며 일일 미션을 달성해 가고 있는 중이다.

함께하는 분들 덕분에 기분 좋은 자극을 매일 받는 요즘이다. 그렇지만 여의치 않아 실패하는 날도 있다. 하지만 하루쯤 실패하더라도 다음 날부터 다시 시작하면 되니 실패에 대한 부담은 없다(목표 설정 전 셀프 인터뷰, 비전 선언문 작성 등을 먼저 해 내가 목표를 세우고 달성해야 하는 본인만의 이유를 찾길 바란다).

마치는 글

'용기부여가'라는 비전을 내걸고 작가로, 강연가로, 꿈을 찾아 주는 선생님으로, 세상에 용기를 선물하는 사람으로 살기를 나는 선택했다. 내 삶 속의 작은 경험을 나누어 누군가에게 도움이 되길 바라는 마음으로 책을 쓰기 시작했다. 그런데 책을 쓰며 알았다. 누군가에게 작은 용기를 주기 위해 쓴 책의 최대 수혜자는 바로 나라는 것을.

주위 사람들의 피드백으로 용기를 냈고 '책을 써야겠다' 결심했다. '드림팀'과 '성공습관 프로젝트'로 의지박약이었던 내가 두 달 만에 책을 썼다. 그리고 두서없던 내 삶이 정리되었고, 의지박약에 끈기 부족이라며 스스로에게 붙여 놓았던 낙인 같은 스티커를 조심스레 떼어 낼 수 있었다.

세상에 작은 용기를 선물하고 싶어 쓰기 시작한 책 쓰기의 처음 의도와 달리 이 책은 세상으로 나가기도 전에 나에게 용기를 주는 책이 되었다. 이 책은'용기부여가'에게 용기를 선물한 책이고 나에 대한 불신을 믿음으로 바꾼 책이다. 이제는 커다란 일 앞에서 실패하기를 두려워하는 내가 아니라 작은 일을 차곡차곡 쌓아 커다란 일을 해낼 수 있는 나 자신을 믿는다.

내가 하는 모든 것의 중심에는 '사람'이 있다.

평범한 삶을 사는 내게 절대 평범하지 않다며, 살아가는 모습에서 자극을 받는다고 말하며 나의 가치를 인정해주는 사람들을 통해 나는 용기를 선물 받았다. 고마운 이들과 함께 성장하고 싶은 마음으로 시작한 일들이 나의 또 하나의 '터닝포인트'가 되었고, 끊임없이 나를 응원하고 지지하며 때론 기분 좋은 자극으로 나를 깨우는 사람들 덕분에 끈기 부족인 내가 끝까지 걸어갈 수 있었다. 함께여서 꾸준히 할 수 있었고, 함께하기에 의미 있는 시간들이었다.

이제는 안다.

작은 성공들이 모여 위대한 일을 만들고, 반복적으로

하는 행동이 바로 나라는 것을.

내가 내 주위의 사람들과 함께 해냈듯 당신도 그렇게 해내길 바란다.

함께하는 즐거움으로,

혼자가 아닌 함께하는 힘으로,

놀이하듯 게임 하듯,

재미있게 시작하고 실패해도 가볍게 다시 시작해 볼 수 있는,

당신의 삶에 유쾌한 '터닝포인트'가 되길 바란다.

내 삶에 행복 가득 안겨 준 책 속의 많은 주인공들에게 진심으로 감사한다.